Jens Höhner

Glücksorte in und um Kiel

Fahr hin und werd glücklich

Droste Verlag

*Für das Örms. Du bist unglaublich. Danke zu sagen,
das reicht einfach nicht.
Für meinen Vater, meinen Bruder und Gisela.
Für die Oldies.*

Danke an Beate König, Frank Behling und Tamo Schwarz!

Dieses Buch gehört

....

....

Liebe Glücksuchende,

ein Jahr ohne Kiel darf es heute nicht mehr geben. Denn nachdem ich die Stadt im September 2004 verlassen hatte und – von Heimweh getrieben – ins Rheinland zurückgekehrt war, ließ mich das Gefühl nicht los, etwas verpasst, die Stadt und ihre Nachbarschaft niemals richtig kennengelernt zu haben. Diesem Gedanken gab ich nach: Im Herbst 2007 ging es erstmals wieder in den Norden, inzwischen zu zweit. Seither verbringen wir mindestens jeden Herbsturlaub am Schönberger Strand, also nur wenige Kilometer von Kiel entfernt. Und natürlich gehören Ausflüge an die Förde und in die Stadt zum festen Urlaubsprogramm. Mein persönlicher Glücksort ist der Tiessenkai in Holtenau, am liebsten an einem lauen Sommerabend. Ein gutes Essen, ein kühles Bier, dazu der Blick auf das Wasser und den backsteinroten Leuchtturm am Ende des Kais – Entschleunigung pur! Die Stadt ist uns ans Herz gewachsen, und die Recherchen für dieses Buch haben überraschende und spannende Perspektiven offenbart, neue Orte haben unseren Förde-Horizont erweitert. Dieses Buch soll eine Einladung zu Entdeckungstouren sein durch eine oft verkannte Stadt, die aber unglaublich viel zu bieten hat.

Ihr Jens Höhner

Deine Glücksorte ...

... noch mehr Glück für dich

Die Förde zu Füßen

1 *Das Conti-Parkhaus*

Ein Parkhaus als Glücksort? Warum nicht! Wer auf dem vierten Parkdeck, der obersten Etage des Kieler Conti-Parkhauses, steht, hat die Fördestadt nicht nur zu Füßen, sondern auch vor Augen: Von der Hörn reicht der Blick weit hinaus auf das innerstädtische Gewässer, auf die Anlegestellen der kleinen Personenfähren und der großen Kreuzfahrtschiffe ebenso wie auf die der Ostseefähren, die täglich nach Göteborg, Oslo und Klaipeda in Litauen fahren. Mehr als 30 dieser riesigen Passagierdampfer gingen zuletzt fast 170-mal am 2014 errichteten Terminal vor Anker, heißt es aus dem Gebäude von Seehafen Kiel, dem Betreiber des Hafens. Auch dieser schräge Bau ist vom Parkdeck aus zu sehen – dort, am Schwedenkai 1, gibt es übrigens eine offizielle Aussichtsterrasse. Mehr als 2,1 Millionen Menschen gehen jüngsten Zählungen zufolge jährlich an oder von Bord aller Fährschiffe, rund weitere 600.000 Passagiere erreichten die Landeshauptstadt Schleswig-Holsteins als Gäste einer Kreuzfahrt – so viele wie niemals zuvor.

Als im September 2013 ganz in der Nähe der Speditionsmitarbeiter Jochen Harmsen von einem Scharfschützen ermordet wird, geschieht dies dem Conti-Parkhaus genau gegenüber, nämlich auf der malerischen Hörnbrücke. Diese verbindet das Westufer der Stadt mit dem kleinen Museumshafen und dem Ostufer. Gesehen haben dieses Verbrechen Millionen von Menschen, nämlich zu Hause vor dem Fernseher: „Die Macht der Angst" heißt diese „Tatort"-Episode mit Kommissar Klaus Borowski, gespielt von dem gebürtigen Kieler Axel Milberg.

TIPP *Kiel ertasten kann man an Jörg Plickats 2,50 Meter hoher Bronzeskulptur im Bahnhof, Nähe Hauptportal.*

Zudem bietet sich das Parkhaus an der Kaistraße als Startpunkt für einen Stadtspaziergang an. Der schmucke Bahnhof ist nebenan, kurz ist der Weg in den Sophienhof, Kiels überdachte Einkaufsmeile. Und natürlich lohnt es sich ebenso, die Hörn und den Hafen nicht nur von oben zu betrachten, sondern auch zu Fuß zu erkunden. Das Auto hat seinen Platz ja schon gefunden, denn bisweilen braucht man viel Glück, um in der Innenstadt eine freie Bucht zu finden.

○ Conti-Parkhaus, Kaistraße 54–56, 24114 Kiel, www.contipark.de
○ ÖPNV: Alle Busse, die am Hauptbahnhof stoppen

Seehunde machen gute Laune

2 *Feridun Zaimoglu und das Aquarium Geomar*

Wer die Fördepromenade, die Kielline, entlangschlendert, der könnte dort dem Schriftsteller Feridun Zaimoglu begegnen. „Aber nicht an einem Sonntag, dann ist mir die Dichte an Menschen zu groß", erklärt Zaimoglu (geboren 1964), der aus der türkischen Stadt Bolu stammt und in Kiel seine Heimat gefunden hat. An der Förde genießt er bei langen Spaziergängen das Glück freier Stunden, „am liebsten, wenn wenig los ist". Eine Pause legt Zaimoglu stets am Seehundbecken des Helmholtz-Zentrums für Ozeanforschung (Geomar) ein. „Der Anblick dieser Tiere macht immer gute Laune", erklärt Zaimoglu, der bei seinen Streifzügen durch die Stadt die Kiellinie „in jede Richtung erkundet". „Dazu gehört auch, dass ich an Bord einer Fähre gehe, irgendwo aussteige und mich dann auf die Rückkehr an die Kiellinie freue." Ihn dränge es stets ans Wasser, sagt der Autor, dessen Roman „Abschaum – Die wahre Geschichte von Ertan Ongun" (1997) im Jahr 2000 unter dem Titel „Kanak Attack" verfilmt worden ist. Sein Erstling „Kanak Sprak – 24 Misstöne vom Rande der Gesellschaft" hat Zaimoglu bekannt gemacht, 2003 erhielt er dafür den Ingeborg-Bachmann-Jurypreis. Heute arbeitet Zaimoglu auch als bildender Künstler.

TIPP *Im nahen Bistro Louf laden Strandkörbe zum Platznehmen ein.*

Die Kiellinie beginnt an der Gaststätte Seeburg, gelegen hinter dem Ostseekai, und führt bis in die Wik. Diese Promenade war 1900 als Strandweg angelegt worden und erhielt 1933 den Namen Hindenburgufer. Doch als 1972 die Olympischen Spiele in die Landeshauptstadt kamen, sollte dieser Name weichen. Im Januar jenes Jahres ist es die SPD-Ratsfrau Rosa Wallbaum (1915–2011), die den Namen „Kiellinie" vorschlägt und für den dann auch die Stadtpolitiker stimmen. Weitere Namen wie „Kieler Kante" und „Langer Törn" lehnen sie ab. Seit 1972 gibt es dort das Aquarium mit dem Seehundbecken, in dem Sally (geboren 2011), Krümel (2000), Luna (2011) und Kielius (1994) ihre Bahnen ziehen. Gefüttert werden sie zum Vergnügen von Feridun Zaimoglu und anderer Tierfreunde täglich (außer freitags) um 10 und 14.30 Uhr.

● Aquarium Geomar, Düsternbrooker Weg 20, 24105 Kiel, Tel. (04 31) 6 00 16 37
www.aquarium-geomar.de
● ÖPNV: Bus 11, 32, 41, 42, 61, 62, 900, 901, Haltestelle Seegarten/Ostseekai

10

Finnen können das

3 *Der Internationale Markt zur Kieler Woche*

Wenn zu später Stunde fröhliche Männer am Tresen stehen, die nichts als ein blaues Badetuch tragen, dann sind das Finnen. Und die waren gerade in der Sauna. Bei herbem „Lapin Kulta"-Bier ist nun Abkühlen angesagt. Danach geht's wieder ins heiße Holzfass, das da am Opernhaus steht. Zur Kieler Woche ist Kiel anders, manche behaupten sogar: Nicht wiederzuerkennen. „Ausnahmezustand", sagt die Kielerin Julia Wegner. Sie verpasst keine Kieler Woche – und erst recht nicht den Internationalen Markt auf dem Rathausplatz: Mehr als 30 Nationen bauen ihre Buden auf, brutzeln Fleisch auf dem Grill, werfen Fische in Suppen, drapieren Tapas auf kleine Teller. Und die Finnen rollen zudem mit einer mobilen Sauna an, die vor allem Landsleute ausgiebig nutzen. Nicht wegzudenken ist auch Radhika Shrestha, die seit mehr als drei Jahrzehnten Gerichte aus Nepal serviert: Pakora (Gemüse im Teigmantel), Reis, Putengulasch und noch mal Gemüse, richtig scharf. Die Köchin freut sich, dass die Küche ihrer Heimat so vielen schmeckt. „Aber dass so wenige Leute wissen, wo Nepal überhaupt liegt, das macht mich traurig." Zum Glück verkauft Radhika Shrestha auch Gewürze, sodass jeder ein bisschen Nepal mit nach Hause nehmen kann.

Zur Kieler Woche 1978 hat es erstmals einen solchen Markt gegeben. Die Finnen sind seit damals dabei und wickeln etwa Rentierschinken in Teig. Zu ihrem Bier passt übrigens indisches Papadam (frittiertes Fladenbrot aus Linsenmehl) hervorragend, „Fish and Chips" aus Großbritannien lassen sich mit Guld-Bier aus Estland hinunterspülen, mit der Lammwurst auf dem australischen Grillteller harmoniert französischer Rosé. Die Dänen packen rote Hot-Dog-Würste in weiche Brötchen, und aus Ruanda kommen Krokodilspieß und Kamelburger. Mutig sein lohnt sich. Und zur Not hilft Schnaps, etwa „Vana Tallinn" aus Estland oder „Rentier-Blut", finnischer Wodka mit einem Schuss Preiselbeerlikör. Trinkfest ist, wer danach noch Lakritzlikör bestellen kann – der heißt Salmiakkli. Finnen können das.

TIPP An den Tagen der Kieler Woche kommt man mit dem „Kieler Woche"-Ticket der KVG am günstigsten voran.

 Internationaler Markt, Rathausplatz, 24103 Kiel
www.kieler-woche.de
 ÖPNV: Unter anderem jeder Bus, der an der Andreas-Gayk-Straße hält

Goldene Sprotten

Herzhaftes Wahrzeichen aus Eckernförde

Vorsichtig den Kopf entfernen, dann leicht mit Daumen und Zeigefinger auf Bauch und Rücken drücken. So lösen sich die Filets von der Mittelgräte. Diese, ebenfalls mit Daumen und Zeigefinger, langsam aus dem Fischkörper ziehen. Berndt Kruse braucht nur wenige Sekunden, um eine Kieler Sprotte verzehrfertig zu machen. Man kann den goldfarbenen Räucherfisch auch mit Kopf und Schwanz essen, muss man aber nicht. „Kenner machen das anders", betont Kruse, der in vierter Generation die Räucherei Rehbehn & Kruse betreibt. 1919 wurde der Betrieb in Eckernförde gegründet und ist heute die einzige Räucherei, die immer noch echte Kieler Sprotten produziert. Einst hat es mehr als 40 Räuchereien allein in Eckernförde gegeben. Seit Jahrhunderten kommt diese Spezialität vor allem aus dieser Kleinstadt an der Ostsee.

Um den Ursprung des Namens ranken sich viele Legenden. Die Annahme aber, dass die Kisten mit dem geräucherten Fisch im Kieler Bahnhof große Versandstempel und damit die Sprotten ihren Namen bekamen, gilt schon lange als widerlegt. Und dass die Sprotte ein Hering ist, stimmt ebenso wenig: „Sie ist eine eigene Art", betont Fachmann Kruse. Tatsächlich liefert der Holsteiner Dichter und Zeitungsverleger Matthias Claudius (1740–1815) den ersten Hinweis: „Drauf kauft ich etwas kalte Kost,/ Und Kieler Sprott und Kuchen", heißt es im Gedicht „Urians Reise um die Welt" von 1786. Damals war weder der Bahnhof in Kiel noch der in Eckernförde gebaut. Wahrscheinlich ist die Sprotte eine „Kieler Sprotte" geblieben, weil sich der Name damals schon etabliert hatte. Echte Kieler Sprotten müssen aber aus der Bucht rund um die Landeshauptstadt stammen.

Heute gehören der Fischhandel Meergold und ein Bistro zu Kruses Räucherei: In der Kühltheke lagern die traditionellen Holzkisten mit Sprotten. „Geräuchert werden diese über Erlen- und Buchenholz – 80 bis 100 Kilogramm am Tag", sagt Berndt Kruse und nennt es ein großes Glück, dass er die Delikatesse jederzeit kosten dürfe.

TIPP Allerhand Wissenswertes über die Ostsee gibt es im Info-Zentrum am nahen Strand, Jungfernstieg 110.

○ Räucherei Rehbehn & Kruse und Fischdelikatessen Meergold, Jungfernstieg 19, 24340 Eckernförde, Tel. (0 43 51) 28 14, www.meergold.de
○ ÖPNV: Ab Kiel RE 72 oder RB 73, in Eckernförde alle Linien, Haltestelle Schulweg (Strand)

Rauf aufs Rad

5 *Der Umsteiger am Kieler Hauptbahnhof*

Das Umsteigen ist in Kiel keine große Sache. Seit Jahren schon gilt die Stadt als besonders radlerfreundlich, sie kann mit 21 Velorouten aufwarten: Das sind insgesamt 15 Kilometer lange Fahrradstraßen. Und 2500 „Kieler Bügel", besondere Fahrradständer, bieten insgesamt 5000 Zweirädern einen sicheren Abstellplatz. Sogar öffentliche Luftpumpen gibt es an der Andreas-Gayk-Straße, Ecke Stresemannplatz, und auf der westlichen Seite der Hörn. Aber nicht nur das: Am Hauptbahnhof beheimatet ist der Umsteiger – ein mächtiges Gebäude, in den eine Servicestelle der Kieler Verkehrsgesellschaft (KVG) ebenso eingezogen ist wie ein Fahrradparkhaus mit mehr als 620 Stellplätzen auf zwei Etagen, ein Fahrradverleih und eine Zweiradwerkstatt.

Betreiber dieser Radstation ist der Verein „Brücke Schleswig-Holstein", der Menschen mit Handicaps aller Art einen Arbeitsplatz sichert, auch im Umsteiger. „Zentraler geht es nicht", sagt Zweiradmechaniker Steffen Meyer, einer der vier dort Beschäftigten, und wirbt damit fürs Umsatteln, auch im Urlaubsglück: Die Förde ist nah, die Fähren sind es ebenfalls und einen besseren Startpunkt für Touren durch Kiel gebe

TIPP Dem Bahnhof gegenüber, auf der anderen Hörnseite, steht die Halle 400 mit viel Programm.

es kaum. Denn die Innenstadt ist vor der Tür. Zudem bietet die Stadtverwaltung auf ihren Internetseiten „Tatort"-Touren auf den Spuren von Kommissar Klaus Borowski an, während die Touristeninformation solche Ausfahrten organisiert. Eingeweiht worden ist der Umsteiger im Januar 2010, seither ist die Fahrradgarage 24 Stunden am Tag geöffnet. In der Radstation können nicht nur etwa 50 Zweiräder gemietet werden, auch ist dort Zubehör zu haben, geführte Fahrten werden vermittelt und Ausflugstipps gegeben. Die Länge des Radwegenetzes beziffert Uwe Redecker, Radverkehrsbeauftragter der Stadt Kiel, auf rund 300 Kilometer. Und mehr als ein Fünftel aller Alltagsfahrten würden von den Kielern mit dem Rad erledigt, sagt er.

Wer indes nicht strampeln möchte, der erhält nebenan bei der KVG Tickets sowie Karten aller Art zu Fuß- und Radtouren.

⦿ Radstation im Umsteiger, Sophienblatt 48, 24114 Kiel, Tel. (04 31) 2 37 77 90
www.bruecke-sh.de, www.kiel.de
⦿ ÖPNV: Jede Buslinie, die am Hauptbahnhof hält

Rendezvous mit Schokolade

6   *Bei der Schokodeern*

Sie heißen Söte Deern, Klöönschnack, Süderbries und Kieler Bülg. Und schon allein der Anblick dieser Pralinen macht glücklich. An der Holtenauer Straße, an Kiels Einkaufsmeile, hat sich Lydia Maria Rahaus ihren Traum erfüllt: Seit 2012 gibt es dort das Café Schokodeern, zu dem eine gläserne Konditorei ebenso gehört wie eine Pralinenmanufaktur. Jedes Produkt ist bio und aus kontrolliertem Anbau, immer geht es um Schokolade. „Wir arbeiten ausschließlich mit Criollo-Kakao", erklärt die Konditormeisterin Rahaus, die nach einigen Jahren der Wanderschaft in Schleswig-Holsteins Hauptstadt heimisch geworden ist, der Liebe wegen. 2008 hat sie zunächst einen Pralinenhandel gegründet, und zwar in der Schusterstadt Preetz. Alles in ihrem Geschäft ist seither haus- und vor allem handgemacht. „Und jedes Rezept ist eine eigene Kreation", ergänzt die Inhaberin, die heute mehr als 40 Sorten Pralinen im Angebot führt und gern ungewöhnliche Zutaten kombiniert: In der Kieler Bülg, der Kieler Welle, trifft eine kräftige Füllung aus Sahne auf Zitronensaft und Muskatnuss. „Wir möchten, dass unsere Gäste die Handarbeit schmecken", verrät Lydia Maria Rahaus.

TIPP Gegenüber lohnt sich der Besuch der mächtigen Ansgarkirche mit Bibelgarten, geöffnet Mo.-Fr., 10-17 Uhr.

Die Söte Deern, das Süße Mädchen, bringt dagegen frisch gepressten Orangensaft und Bio-Butter in Honigmarzipan. Schlicht im Aussehen, dafür überaus beliebt, ist zudem die leicht alkoholische Kiel-Praline, unter anderem hergestellt aus gehaltvoller Zartbitterschokolade, Orangenschale und etwas Fleur de Sel. „Die ist so rau wie die Ostsee", beschreibt die Schöpferin den Geschmack. Wer aber Klöönschnack (Kaffeeklatsch) wünscht, der bekommt eine Mischung aus Butter, Kaffeelikör und Mokka. Natürlich gibt es in dem Café mit etwa 70 Plätzen auch Kaffee, Kuchen und anderes Gebäck. Solche Leckereien sind nicht immer süß, aber meist sehr schokoladig: Auf dem Teller landet etwa die Schokodeern-Torte, eine Pralinentarte aus Mousse au Chocolat, im Becher dampft der Schokodeern-Kakao. Reservierungen sind übrigens nicht möglich.

○ **Schokodeern, Holtenauer Straße 106, 24105 Kiel, Tel. (04 31) 26 09 44 00**
www.schokodeern.de, Mo. Ruhetag
○ **ÖPNV: Bus 11, 51, 60S, 61, 62, 501, 502, 900, 901, Haltestelle Waitzstraße/Holtenauer Straße;**
Bus 32, 51, 61, Haltestelle Feldstraße/Holtenauer Straße

Ein Tor zur Welt

Die Wiker Aussichtsplattform

Diesmal kommt das Traumschiff um 18 Uhr. Dann fährt die MS Deutschland in die Kieler Schleuse zum Nord-Ostsee-Kanal, den die Kreuzfahrer gegen zwei Uhr in der Nacht bei Brunsbüttel (Kreis Dithmarschen) wieder verlassen. Die MS Deutschland („MS" steht übrigens für Motorschiff), von 1999 bis 2015 Drehort und Kulisse für 35 Episoden der Fernsehserie „Das Traumschiff", ist eines von mehr als 100 Schiffen, deren Namen heute im Traumschiffkalender stehen. Nach Angaben des Kieler Wasserstraßen- und Schifffahrtsamts ist der 1895 eröffnete und fast 100 Kilometer lange Nord-Ostsee-Kanal weltweit die meistbefahrene künstlich angelegte Wasserstraße. Und für Ingrid Lietzow, Vorsitzende des Vereins „Maritimes Viertel", erzählt deren Geschichte auch das Werden Kiels zur Großstadt: „Der Kanal war der Zugang zum Atlantik und damit ein Tor zur Welt." Anliegen ihres Vereins ist es, diese Kapitel maritimer Historie zu erhalten. In der Technischen Marineschule, Arkonastraße 1, betreut die Gruppe eine Ausstellung rund um die Schleuseninsel, auch organisiert sie Führungen. Allerdings kann die Schleusenanlage aufgrund der 2013 begonnenen Sanierung nicht besichtigt werden.

TIPP **Hunger? Im KiWi-Tower, Am Kiel-Kanal 1, serviert die Kooperativa-Lunchbar einen Mittagstisch.**

Jüngsten Statistiken zufolge nutzten zuletzt mehr als 40.000 Schiffe die Schleusenkammern, Güter mit einem Gesamtgewicht von mehr als 90 Millionen Tonnen wurden über den Kanal transportiert. Und wer in der Wik die im März 2008 eröffnete Aussichtsplattform erklimmt, der kann diese großen Pötte ebenso an sich vorbeiziehen lassen wie Tausende von Sport- und Segelbooten und jene Luxusliner, die Feriengäste ins Urlaubsglück steuern oder wieder nach Hause bringen. Eingerichtet hat die Plattform das Wasserstraßen- und Schifffahrtsamt auf dem Dach des Torbunkers 4 aus dem Zweiten Weltkrieg. Selbst bei schlechtem Wetter ist das Schiffeschauen möglich: Ein Unterstand bietet Schutz. Den Traumschiffkalender kann man dort lesen, Tafeln und Modelle bieten zudem Wissenswertes zum Nord-Ostsee-Kanal und zu den 310 Meter langen Schleusenanlagen, die 1914 in Betrieb genommen wurden.

⊙ **Aussichtsplattform Wik, Maklerstraße 1, 24159 Kiel**
Ausstellungsbesuche und Führungen: Tel. (04 31) 78 54 75
www.maritimesviertel.de und www.wsa-kiel.wsv.de
⊙ **ÖPNV: Bus 11, Haltestelle Wik/Kanal**

Das Geheimnis der Gräten

8 *Olaf Heicherts Kielfisch*

Das Geheimnis der Gräten offenbart sich selten beim ersten Blick. Und auch nicht unbedingt auf den zweiten. Olaf Heichert schmunzelt. Der Goldschmiedemeister wollte für Kiel ein Zeichen setzen: „Eines, das einfach ist, aber doch einen gewissen Anspruch hat." Das ist ihm gelungen. Denn nur wer lange und besonders genau hinsieht, erkennt, dass die Fischknochen das Wort „Kiel" formen. „Eine Zufallsentdeckung", gesteht Heichert und berichtet von jenem Moment, als er ein Fischskelett gezeichnet und daneben „Kiel" gekritzelt hatte. „Dann bemerkte ich, dass ich beides übereinanderschieben konnte und die Buchstaben eben wie Gräten wirkten." Der Kielfisch war geboren, seit dem Jahr 2008 ziert dieses Symbol etliche Souvenirs. Einige Jahre, so sagt der Goldschmied heute, hatte er sich damals bereits mit einem solchen Erkennungszeichen beschäftigt, weil seiner Wahlheimat so etwas gefehlt habe. Dass man seine Schöpfung für morbide halten kann, weiß Heichert. „Aber wo Gräten sind, müssen auch Fische sein. Und wo Fische sind, da muss es Wasser geben." Wasser wiederum bedeute Leben, und auch Kiel sei ohne Wasser nicht lebendig. „Ich liebe die Stadt, ich liebe das Wasser", bekennt der gebürtige Lübecker. 1994 ist er der Liebe wegen in die Landeshauptstadt umgezogen.

TIPP *Rund um den Tröndelsee will Kiels ältestes Naturschutzgebiet erkundet werden.*

Zu haben sind die hochwertigen Souvenirs, mehr als 200 an der Zahl, in vielen Geschäften, heute breitet Heichert seine Kielfisch-Produkte aber auch in einem eigenen Laden aus. Der ist in Elmschenhagen, das Atelier ist ebenfalls im Haus. Zudem stellt Heichert im Keller neuerdings Kielfisch-Schokolade her – und mit jeder Tafel gibt er Kiel-Besuchern Wissenswertes über die Förde-Stadt in gedruckten Worten mit auf den Weg. Er freut sich, dass die „Studentenstadt mit Strand" zurzeit ein neues Selbstbewusstsein entwickelt. Auch daran würde Olaf Heichert gern mitwirken, zum Beispiel mit einer riesigen Kielfisch-Statue, die in Friedrichsort – dort ist die Zufahrt zur Förde – alle Seefahrer begrüßt und auch wieder verabschiedet.

Kielfischladen, Dorfstraße 15, 24146 Kiel, Tel. (04 31) 3 86 97 39
www.kielfisch.de
ÖPNV: Bus 8, Haltestelle Dorfstraße; Bus 32, Haltestelle Dornbusch

Der perfekte Moment

 Abendstimmung auf dem Tiessenkai in Holtenau

Wie beschreibe ich Kiels vielleicht schönsten Ort, ohne dass der Kitsch gleich von den Seiten schmalzt? Denn für mich ist das der Tiessenkai an einem Abend im Mai. Auf dem Tisch, diesmal in der Hafenwirtschaft, stehen ein großes, herbes Pils und ein Grauer Burgunder. Der Backfisch mit Süßkartoffel-Fritten, hausgemachtem Chutney, einer Remoulade, Aioli und Senfmayonnaise zuvor war großartig.

Nur etwa 280 Meter misst der Tiessenkai in der Länge, und er liegt zwischen der Einmündung zur Kanalstraße und dem backsteinroten Leuchtturm im Stadtteil Holtenau. Zu erreichen ist er mit der kleinen Fähre Adler I, die Überfahrt ist ein echtes Spektakel.

Wenige Geschäfte gibt es dort, aber mit der Hafenwirtschaft, der Kombüse und dem Schiffercafé gleich dreimal Gastronomie. Alle zu empfehlen, alle selbst ausprobiert, mehr als einmal. Einst hatte der Schiffsausrüster Hermann Tiessen (1887–1966) dort sein Geschäft, seit Mai 1977 trägt der Kai seinen Namen. Und mehrfach schon war er Schauplatz für einen Kieler „Tatort", aber wer will bei solchem Genuss schon ans Morden denken?

TIPP Wer den 1895 erbauten Leuchtturm von Holtenau nicht fotografiert hat, der war nicht am Tiessenkai.

An der Mauer haben Traditionssegler festgemacht, zum Beispiel die „Atlantis" aus Amsterdam und die „Norden" aus Neustadt in Holstein. An Bord wird noch gearbeitet, letzte Handgriffe vor dem nächsten Törn. Und aus der Förde verabschiedet sich ein Traumschiff. Es ist mitten in der Woche, der Tiessenkai leert sich, Ruhe kehrt ein. Die allgegenwärtigen Möwen kreischen, Nilgänse stimmen ein. Die Sonne geht unter, spiegelt sich silbern in der ruhigen Ostsee (Jetzt ahnen Sie, was ich mit Kitsch meine). Es wird kühl, aber Schal und Jacke sind dabei. Decken liegen zum Glück am Platz. Postkartenidyll. Jetzt bloß nicht nach Hause gehen, sondern Händchen halten, in die Sonne gucken, den Blick übers Wasser tanzen lassen. Allenfalls aufstehen, um Getränke zu holen. Und das Handy nur zum Fotos machen aus der Tasche zerren. Denn es gibt nicht viele solcher Momente wie diesen, doch selbst heute noch bin ich sicher: Er war perfekt.

Tiessenkai, 24159 Kiel, www.wsa-kiel.wsv.de
ÖPNV: Bus 32, 91, Haltestelle Kastanienallee; Bus 11, Haltestelle Wik/Kanal, dann Fähre Adler I

Wo die Wildtiere quietschen

 10 *Das Tiergehege Tannenberg*

In der Natur würden sich Damwild und Islandpferde niemals eine Wiese teilen. Im Gehege Tannenberg aber grasen und äsen diese Tiere gemeinsam, vor allem im Sommer stehen sie oft Seite an Seite. „Ein schöner Anblick", findet Ole Pöhls vom Grünflächenamt der Stadt Kiel, in dessen Obhut sich fünf solcher Anlagen mit insgesamt mehr als 200 Tieren befinden. Das rund 40 Hektar große Tiergehege Tannenberg im Stadtteil Projensdorf, eröffnet im Frühsommer 1963, aber ist das älteste und größte. Zwar gibt es dort auch umzäunte Gehege, doch läuft das Damwild frei durch den Forst, ebenso sind etliche Mufflons unterwegs – darin unterscheidet sich dieses Gelände von den vier anderen in der Landeshauptstadt.

Wer solche Tiere in aller Ruhe beobachten möchte, der sollte sich am frühen Morgen auf den Weg machen. „Und dann immer schön in den Wald schauen und auch an den Moorflächen Ausschau halten", rät Pöhls. Hunde dürfen an der Leine mitkommen, doch weder Zwei- noch Vierbeiner dürfen die Wege verlassen. In den weiteren Gehegen unter dem dichten Dach der Buchenkronen – Fachleute sprechen hier von einem Hallenwald – grunzen selbstvergessen die Wildschweine und stöbern emsig nach Nahrung, auch Reh- und Sikawild sowie Damaraziegen gibt es dort zwischen Bachläufen und Weihern. Am Gehege des Sikawilds lohnt sich das Hinhören ganz besonders, betont Fachmann Pöhls und verrät, warum er und seine Kollegen gern von „Quietsch-Boys" und „Quietsch-Girls" sprechen: „Diese Tiere verständigen sich mit Quietsch-Lauten, die wirklich so klingen, als drücke man einer gelben Bade-Ente auf den Bauch."

TIPP *Das Tiergehege liegt im Projensdorfer Gehölz, einem beliebten und weitläufigen Naherholungsgebiet.*

Gefüttert werden die Tiere täglich, aber immer zu anderen Zeiten. Nachwuchs gibt es meist im Mai und Juni, dann werden die Jungtiere gesetzt – so heißt das im Fachjargon. „Bei den Wildschweinen gibt es dagegen fast das ganze Jahr über Nachwuchs", schildert Ole Pöhls, den seine Arbeit im Grünen Tag für Tag aufs Neue glücklich macht. Der Eintritt zum Tiergehege Tannenberg ist übrigens frei.

● **Tiergehege Tannenberg, Projensdorfer Straße 276, 24106 Kiel, Tel. (04 31) 52 29 24**
www.kiel.de
● **ÖPNV: Bus 41, Haltestelle Tannenberg**

Glücklich blickt die Eiche

 Schloss Hagen in Probsteierhagen

Riesige Seifenblasen wabern schillernd über die Brücke aus Stein, der schmale Schornstein der mobilen Aalräucherei hustet Rauchschwaden, und im Park ist ein bisschen Mittelalter. Rund um Schloss Hagen herrscht reges Gedränge: Es ist Herbstmarkt. Während die Grünanlage im Rücken des von 1647 bis 1649 errichteten Herrenhauses jederzeit zugänglich ist, öffnet das Schloss nur zu besonderen Anlässen. Dazu gehören eben die vier traditionellen Märkte im Jahr. Als Wildgehege erwähnt das Kieler Stadtbuch 1264 erstmals das heutige Kleinod, das sich in der Mitte der Ortschaft Probsteierhagen (Kreis Plön) versteckt. „Schloss und Park sind durch ihre Lage im Tal der Hagener Au eine Besonderheit in der Probstei", schwärmt Karl-Heinz Fahrenkrog, Vorsitzender des Schloss-Fördervereins. „Das Ensemble bildet als ehemalige Gutsherrschaft einen Gegensatz zu den selbstständigen Bauerndörfern der Probstei – und ist auch damit eine Besonderheit." In der Mitte des 19. Jahrhunderts wurde der Landschaftspark ausgebaut: Wer möchte, darf die Picknickdecke ausbreiten, Grillen aber ist verboten. Und einem wachsamen Auge entgeht nicht, dass ein glückliches Gesicht eine wohl 350 Jahre alte Eiche ziert.

TIPP *Kaffee und Kuchen genießt man im Alten Probsteier Café, Alte Dorfstraße 50.*

Seit 1969 birgt das Schloss, das sich seit 1930 im Besitz der Gemeinde Probsteierhagen befindet, ein Kultur- und Veranstaltungszentrum, sodass sich der Blick auf den Veranstaltungskalender stets lohnt. Dann öffnet sich auch die Tür zum Pogwisch-Zimmer, dessen kunstvolle Öltapete erst 2010 zum Vorschein kam. Im Blome-Zimmer, das an drei Seiten Fenster säumen, geben sich Brautpaare das Ja-Wort. „Durch den Lichteinfall kommt die im Original erhaltene Stuckdecke mit dem Familienwappen wunderbar zur Geltung", beschreibt Schlossverwalter Frank Duffner jenen Raum, der an den Rendsburger Landrat und Amtmann Hinrich Blome und dessen Ehefrau Lucia erinnert: Nach ihrer Hochzeit am 1. September 1646 hatte das Paar das Landgut bezogen, das zuvor Eigentum der einflussreichen Ritterfamilie von Pogwisch war.

Schloss Hagen, Zugang Schlossstraße/Steinkamp, 24253 Probsteierhagen, Tel. (0 43 48) 9 18 88
www.schloss-hagen.de
ÖPNV: Bus 200/201, Probsteierhagen, Haltestelle Hagen

Mit grünen Ringeln

12 *Der Leuchtturm in Friedrichsort*

Vom Deich aus gesehen sieht es so aus, als führe allein eine schmale, aber sehr lange Sandbank zum Leuchtturm von Friedrichsort. Doch wer den Falckensteiner Strand überquert hat, muss nur noch wenige Schritte gehen, um das fast 32 Meter hohe Leuchtfeuer in der Nähe der früheren Prinz-Georg-Bastion trockenen Fußes zu erreichen. Im Oktober 1971 ist es in Betrieb gegangen. Das Betreten des Podests unterhalb des weißen Turms mit den markanten grünen Streifen ist zwar verboten, doch wird niemand etwas dagegen haben, wenn man sich für ein paar Minuten auf die Kante setzt, um Urlaubsglück zu genießen, Sonne zu tanken, den Wellen zu lauschen und den Blick schweifen zu lassen. Denn hier hat die Förde ihre schmalste Stelle: 1,9 Kilometer Wasser liegen zwischen den beiden Ufern. Auch der Erlebnispfad „Blauer Weg" macht Station an diesem Bauwerk.

Hier beginnt Kiel und hier hört Kiel auf. Und nirgendwo sind die Schiffe näher zu sehen als am Leuchtturm vor Friedrichsort, der den sicheren Weg zum Hafen und zu den Schleusen am Nord-Ostsee-Kanal weist.

TIPP *Das erste, mehr als 100 Jahre alte Turmhaus steht heute in der Fußgängerzone von Friedrichsort.*

1815 erhellte erstmals ein Feuer die Zufahrt in die Bucht. Seit 1961 passieren etwa die riesigen Fähren der norwegischen Reederei Color Line diese Ostsee-Enge. Um 14 Uhr legen sie täglich am Kieler Ostuferhafen ab, den Leuchtturm passieren sie gegen 14.30 Uhr. 683 Kilometer und eine Fahrzeit von 20 Stunden trennen übrigens die Landeshauptstadt Schleswig-Holsteins von Oslo. Die 441 Kilometer entfernte Stadt Göteborg erreichen die Passagiere der schwedischen Stena Line – in Friedrichsort täglich zu sehen gegen 19.35 Uhr an Werktagen sowie am Wochenende jeweils gegen 18.35 Uhr – dagegen in etwas mehr als 14 Stunden.

Wer sich auf den Weg zum Leuchtturm macht, der sieht übrigens die Reste von Christianspries: Diese Wehranlage gilt als einzige Seefestung in Deutschland und wurde ab 1632 vom Dänenkönig Christian IV. errichtet. Heute ist die Anlage in Privatbesitz und steht unter Denkmalschutz. Gelegentlich, meist nach Absprache, öffnet sie aber für Besucher.

● **Leuchtturm Friedrichsort, Falckensteiner Strand/Deichweg, 24159 Kiel**
● **ÖPNV: Bus 91, 921, 922, Haltestelle Friedrichsort/Falckensteiner Straße**

Nostalgiker durch und durch

13 *Andreas Nasners Musikshop*

1999 beschließt Andreas Nasner nur noch mit dem zu arbeiten, was ihn selbst glücklich macht, und springt in die Selbstständigkeit. Er sammelt Schallplatten, spürt sie auf, pflegt sie. Und nun verkauft der Kieler solches Vinyl. „Ich konnte einfach niemandem mehr eine Kreditkarte aufschwatzen und wollte auch nicht bis zur Rente mit Dingen zu tun haben, die ich nicht mit reinem Gewissen vertreten kann", erinnert sich der Unternehmer heute. „Solche Geschäfte drückten mir damals aufs Gemüt, ich konnte einfach kein Banker mehr sein." Am Wilhelmplatz im Kieler Stadtzentrum hat er sich einen Laden eingerichtet, den „Musik-Shop". Und längst ist der bei Schatzjägern und Sammlern ein beliebtes Ziel und eine feste Adresse: Auf rund 20.000 Schallplatten schätzt Nasner sein Sortiment, hinzu kämen wohl mehr als 14.000 CDs und rund 1000 DVDs in den Regalen. Man stöbert gern, freundlich antwortet der Chef auf jede Frage. Sein Angebot ist sorgsam sortiert, die Schallplatten stecken in sauberen Schutzhüllen. Und die Preise sind fair. Weitere Raritäten schlummern in Nasners Lager. Gern nimmt er Suchaufträge entgegen.

TIPP *Hardware für Vinyl und eine Plattenwaschanlage finden Liebhaber nebenan bei Speaker's Corner.*

Einen Onlineshop unterhält er jedoch nicht, niemals wird die Ware verschickt.

Er sei eben altmodisch und wohl ein Nostalgiker, überlegt Nasner, „und das durch und durch". Blues und Jazz sind die größten Posten in seinem Gebrauchtsortiment, aber auch für Punk-Platten finden sich viele neue Hörer. Klassikaufnahmen sind dagegen seltener, Volksmusik kommt Andreas Nasner gar nicht in den Laden. „Bedarf habe ich an HipHop, und auch Punk hätte ich gern mehr, weil ich von dieser Musik chronisch zu wenig habe", sagt der Geschäftsmann, der von der Renaissance der meist schwarzen Scheiben höre, seitdem er denken könne. „Alles völliger Quatsch also, Vinyl war niemals wirklich out." Ebenso wenig gebe es übrigens den typischen Schallplattenkäufer. „Von 17 bis 79 kommt jeder in meinen Laden", erzählt der Kieler, der in seinen Büchern mehr als 6500 Kunden führt. „Das sind sowohl Sammler als auch ganz normale Musikhörer."

⬤ **Musikshop Kiel, Hermann-Weigmann-Straße 2–4, 24114 Kiel, Tel. (04 31) 6 10 33**
www.musikshop-kiel.de
⬤ **ÖPNV: Bus 31, 34, 91, 100, 101, 640, 902, Haltestelle Wilhelmplatz**

Rockabilly
Oldies

Besuch beim Zeitungsjungen

 Frauke Wehbergs Plastiken im Kieler Zentrum

Die Schüler sind sicher: Vor ihnen steht ein Postbote. Und das schreiben sie gleich in den Antwortbogen, eine Rätselrallye schickt die Kinder kreuz und quer. Doch ein freundlicher Kieler korrigiert prompt: Ein Zeitungsjunge ist es, der seit 1986 pfeifend Neues aus aller Welt anpreist. Die gut 1,50 Meter hohe Bronzeskulptur ist am Verlagshaus der Kieler Nachrichten zu finden – dort, wo der Asmus-Bremer-Platz und die Fleethörn aufeinandertreffen. Der Zeitungsjunge zählt zu den meistfotografierten Motiven in der Innenstadt. Nur die wenigsten wissen jedoch: „Er ist ein Abbild meines Sohnes Max", verrät die Künstlerin Frauke Wehberg (geboren 1949) und erinnert sich an ihr drittes Mutterglück. „Max war damals neun Jahre alt." Mit der Figur wollte sie die Pfiffigkeit, aber auch die Ernsthaftigkeit des Jungen einfangen. Wehberg lebt in Hamfelde. Wann immer sie in die Landeshauptstadt kommt, besucht sie ihre Figuren. Die Skulptur des Kieler Bürgermeisters Asmus Bremer (vor 1652–1720), die an der Holstenstraße auf einer Steinbank und unter einem Baum sitzt, stammt ebenso aus ihrer Werkstatt wie der Rinnenbrunnen auf diesem zentralen Platz und der Muschelbrunnen an einem benachbarten Bankhaus.

TIPP Gruppen ab zehn Personen steht das Druckhaus der KN bei Führungen offen, Tel. (04 31) 9 03 33 01.

Der Zeitungsjunge trägt eine Umhängetasche, er zückt eine druckfrische Ausgabe der Kieler Nachrichten. Auf dem Kopf hat er eine Mütze, die lange Zeit Teil einer Wette war: Wer den Tag, an dem zum ersten Mal Schnee den Kopf des Kindes bedeckt, voraussagt, den belohnte das Blatt mit einem Preis. Die Plastik war ein Geschenk des KN-Verlagsleiters Karl-Adolf Schlitt, als dieser in den Ruhestand ging. Zuvor war der Asmus-Bremer-Platz neugestaltet worden. „Der Zeitungsjunge vor unserem Verlagshaus war für mich immer schon ein Sympathieträger und die Symbolfigur für die Kieler Nachrichten schlechthin", sagt Bodo Stade, stellvertretender Chefredakteur. „Der immer gut gelaunte Zeitungsjunge ist noch aus einem anderen Grund mein Lieblingskollege: Morgens ist er immer der Erste und abends der Letzte."

Asmus-Bremer-Platz/Holstenstraße, 24103 Kiel, www.kn-online.de
ÖPNV: Bus 11, 30S, 32, 41, 42, 60S, 61, 62, 81, 91, 92, 501, 502, 900, 901, Haltestelle Andreas-Gayk-Straße

Politik und Fischdelikatessen

 15 *Die Sitzstufen am Landtag*

Wenn Politiker debattieren und diskutieren, dann sollten sie das ungestört tun. Das dachten die Mitglieder des Deutschen Bundestags, als sie in Bonn über Wohl und Wehe der jungen Republik entschieden und 1950 die Einrichtung von Bannkreisen an den Landesparlamenten beschlossen: Fortan sollten Zonen mit einem Radius von 800 Metern vor allem Demonstranten und Protestzüge auf Abstand halten. Im Mai jenes Jahres bezog zudem der Landtag Schleswig-Holsteins seinen Sitz am Kieler Westufer, im Krieg zuvor hatte das mächtige, 1888 für die kaiserliche Marine errichtete Gebäude starken Schaden erlitten. 1990 aber fiel hier bundesweit die erste Bannmeile, die Politiker ließen wieder Nähe zu. Und seit Juni 2004 dürfen sie mit schöner Aussicht Entscheidungen fällen: Damals wurde der Plenarsaal des für 21,5 Millionen Euro sanierten Hauses eingeweiht. Untergebracht ist er in einem Glaskubus – mit freiem Blick auf die Förde. Dieser soll als Zeichen der Transparenz verstanden werden. Zu Füßen des roten Klinkerbaus verläuft die Kiellinie, dort endet das Grundstück des Landeshauses: Sitzstufen aus Granit säumen seither in fünf langen Reihen und auf einer Fläche von etwa 15.650 Quadratmetern die Promenade.

TIPP Führungen durch das Landeshaus sollten frühzeitig gebucht werden, Tel. (04 31) 9 88-1118 oder -1121.

Verantwortlich für dieses 2,1 Millionen Euro schwere Projekt ist der Landschaftsarchitekt Andreas Werning. Er hatte den Auftrag, einen großzügigen Freiraum im Stil eines Landschaftsparks zu gestalten. „Glück für einen Planer ist, wenn das Erdachte, die Theorie, in der Realität überzeugt und andere Menschen glücklich macht", sagt er heute. Vor allem während der Kieler Woche ist dies ein prominenter Platz – auch, weil ein Hersteller von Fischspezialitäten aus List auf Sylt dort Feinschmecker glücklich macht. Auf dem Gelände des Landeshauses dokumentieren eine Unterwant und ein Stockanker der Gorch Fock die Patenschaft der Landespolitiker für das Segelschulschiff der Marine. Vom Hamburger Künstler Stefan Kern geschaffen wurde zudem die 5,70 Meter hohe Skulptur „Arbeitslampe". Sie krönt die Stufenterrasse.

◗ **Schleswig-Holsteinischer Landtag, Landeshaus, Düsternbrooker Weg 70, 24105 Kiel, Tel. (04 31) 9 88-0, www.sh-landtag.de**
◗ **ÖPNV: Bus 41, 42, Haltestelle Landtag; Bus 41, 51, Haltestelle Reventloubrücke**

Lässige Auszeit

 Im Seebad Düsternbrook

Plötzlich Aufregung. Eine freche Windbö hat einen Strohhut fortgeweht. Doch ist die Kopfbedeckung schnell aus der Förde gefischt, und die Gelassenheit kehrt auf die Planken der Seebar zurück. Während sich die einen auf hölzernen Sonnenliegen ausstrecken oder in Strandkörben lümmeln, genießen die anderen eine lässige Mittagspause auf dem Wasser. Aus Lautsprechern plätschern Loungeklänge, zu Füßen die Wogen. Im Frühjahr 2009 wurde die strahlend weiße Bar im Seebad Düsternbrook eröffnet: Denn schon 2008 hatte sich endlich eine Betreibergesellschaft gefunden, die das im Jahr 1936 zu den Olympischen Spielen und für die Segelwettbewerbe errichtete Bad übernehmen wollte. „Damals war es kaum mehr als ein Steg mit einer Hütte darauf", erinnert sich Gesellschafterin Britta Matzen, die sich schon während ihres Studiums in die Schwimmanstalt verliebt hatte und immer wieder dorthin zurückkehrte, um über Büchern zu brüten und sich zwischendurch abzukühlen. „Als wir den Betrieb übernommen haben, war er immer noch charmant, aber auch ziemlich abgerockt."

TIPP Zünftiger ist der nahe Biergarten Forstbaumschule, Düvelsbeker Weg 46.

Bereits in den 1960er-Jahren hatte der Abriss gedroht, so marode war das Bauwerk an der heutigen Kiellinie. Die Badeanstalt an sich ist viel älter, schon Mitte des 18. Jahrhunderts sprangen die Kieler dort ins Wasser. Und noch heute ist das Baden erlaubt, immer zwischen dem 15. Juni und dem 15. September. In der übrigen Zeit des Jahres ist dieses Vergnügen allerdings nur den Mitgliedern eines Klubs vorbehalten. Spezialität und Glücklichmacher auf der Getränkekarte der neuen Bar sind übrigens hausgemachte Limonaden, zum Beispiel Kirsche-Minze und Basilikum-Zitrone. „Die Offenheit zum Wasser hin, der Ausblick und dieses Gefühl von Freiheit sind der größte Reiz", beschreibt Britta Matzen ihre Leidenschaft für das Seebad Düsternbrook und empfiehlt einen Besuch zur Blauen Stunde. „Da ist jeder Stress gleich vergessen." Auch lohne sich der Blick in den Veranstaltungskalender. Donnerstags öffnet um 19 Uhr etwa der After-Work-Club.

● Seebad Düsternbrook, Kiellinie 130, 24105 Kiel, Tel. (04 31) 3 41 85
www.seebad-duesternbrook.com
● ÖPNV: Bus 41, 42, Haltestelle Bellevue

Auf Tuchfühlung mit Tilda

 Die Eichhörnchen-Schutzstation in Eckernförde

Scheu kennt Tilda nicht. Plötzlich flitzt das Eichhörnchen den Rücken hoch, versteckt flink eine Haselnuss im kuscheligen Mitarbeiterschal und verschwindet im Gehölz. Tilda gehört zu jenen Nagetieren, die sich in der Eichhörnchen-Schutzstation tummeln, weil sie in der Natur nicht überleben würden. Diese Tiere sind im eigenen Gehege zu Hause. Die anderen Eichhörnchen, zwischen 150 und 170 im Jahr und allesamt Findeltiere, werden dagegen nach kurzem Pflegeaufenthalt ausgewildert. Seit 2006 gibt es die Station auf dem Gelände des Umweltinformationszentrums in Eckernförde. Geöffnet ist sie täglich – außer montags – von 10 bis 16 Uhr. Träger ist der Verein „Umwelt Technik Soziales", Kooperationspartner sind das Jobcenter der Bundesagentur für Arbeit und die Stadt Eckernförde. 13.000 Besucher haben jährlich ihre Freude an den federleichten Kletterern. Das Wildtier, das übrigens das Wappen der Stadt Eckernförde ziert, steht in Deutschland unter besonderem Schutz. „Doch Eichhörnchen brauchen Mischwälder mit alten Bäumen", erklärt Stationsleiterin Moni Rademacher. „Weil immer mehr Wälder abgeholzt

TIPP *Der Wildgarten des Umweltinformationszentrums sollte nicht links liegen gelassen werden.*

werden, finden die Nager immer weniger Lebensraum." Unterstützung erhält Rademacher von Ehrenamtlern und jungen Leuten, die ein Freiwilliges Ökologisches Jahr absolvieren, sowie Ein-Euro-Jobbern.

Heiko Moltzen gehört dazu: Einst hat das Jobcenter den früheren Maurer als Ein-Euro-Jobber auf die Grünanlage geschickt. „Und heute möchte ich hier nicht mehr weg", betont Moltzen, während er Miss Marple füttert, nach Eichhörnchen-Oma Holly sieht und Clyde eine Extra-Marone serviert. Gern beantworten Rademacher und ihre Kollegen Fragen und wissen Rat für den Umgang mit solchen Gartengästen. Nicht nur ein Erfolg bei der Auswilderung macht sie glücklich, sondern auch der Blick in das rund 500 Kubikmeter große Gehege: „Jedes Eichhörnchen hat seinen ganz eigenen Charakter." Tilda sei eben die Vorwitzige. Und Tierfreunde sollten sich nicht wundern, wenn später eine Nuss aus der Kleidung kullert.

Eichhörnchen-Schutzstation, Hans-Christian-Andersen-Weg 7, 24340 Eckernförde, Tel. (0 43 51) 72 02 55, www.eichhoernchen-eck.de

ÖPNV: Ab Kiel RE 72 oder RB 73, in Eckernförde Bus 1, 2, Haltestelle Reeperbahn/Noorstraße; Bus 3, Haltestelle Gaethjesstraße/Noorstraße; Bus 3010, 3030, 4810, Haltestelle ZOB/Bahnhof

Auf Borowskis Spuren

 18 *Martin Behrens'„Tatort"-Touren*

Warm scheint die Abendsonne auf den Tiessenkai, wieder einmal eilt Martin Behrens zu einem Mordplatz. Ausgerechnet hier, im Stadtteil Holtenau, hat jemand den Schiffsausrüster Oliver Nagel erschlagen. „Das war am 30. November 2003", berichtet Behrens, der indes keinesfalls bei der Kripo arbeitet: Er führt Fahrradfahrer bei „Tatort"-Touren durch Kiel und folgt den Spuren von Kommissar Klaus Borowski, der damals seinen ersten Fall an der Förde gelöst hat. „Väter" ist der Titel dieser 549. Produktion. Gespielt wird Borowski seither von Axel Milberg, 1956 in Kiel geboren. Und der kehrt in seiner Paraderolle am 12. Oktober 2008 an den Tiessenkai zurück: Aus dem Tatort von früher ist ein Café geworden. „Borowski und die einsamen Herzen" heißt dieser Streifen des Norddeutschen Rundfunks: Zum Schein begibt sich der kauzige Kommissar auf die Suche nach dem Liebesglück. Und diese Produktion zeigt den Drehort so, wie er heute ist: In das frühere Ladenlokal des Schiffausrüsters Hermann Tiessen (1887–1966) ist 2007 das Schiffercafé eingezogen, von Tiessen hat der Kai den Namen.

TIPP *Das Schiffercafé am Tiessenkai ist bekannt für seinen Kuchen.*

Seit 2011 organisiert Stadtführer Behrens die Touren für Radler, die fünfeinhalb Stunden dauern und 17 Kilometer lang sind. „Dafür gibt es aber auch zwischen 16 und 25 Stationen zu sehen", betont der geborene Lübecker, der jede Szene in- und auswendig kennt. Er finde es spannend, wie seine neue Heimatstadt darin inszeniert werde. Das Schiffercafé ist der nördlichste Punkt seiner Fahrten, die mindestens fünfmal im Jahr stattfinden und immer rasch ausgebucht sind. „Die Fahrradtouren sind für echte Enthusiasten", betont Martin Behrens, der auch in einem Hotel die Tür zu einem Mordzimmer öffnen darf. Dort wurde eine Frau vom Balkon gestoßen. Das geschah in „Borowski und die Sterne" (2009). Vor allem die Details machten aus einem „Tatort" einen guten „Tatort", schwärmt Behrens, der in den Episoden so manches Klischee bestätigt sieht: Manchmal seien die Filme ebenso düster und grau wie Kiel an einem Nebeltag.

○ „Tatort"-Touren sind zu buchen bei der Kieler Touristen-Information. Für Gruppen gibt es auch Bustouren, Andreas-Gayk-Straße 31, 24103 Kiel, Tel. (04 31) 67 91 00, www.kiel-sailing-city.de
○ ÖPNV: Bus 11, 30S, 32, 41, 42, 60S, 61, 62, 81, 91, 92, 501, 502, 900, 901, Haltestelle Andreas-Gayk-Straße

Cocktails mit Panorama

 19 *Das Deck 8 im Atlantic-Hotel*

Ravindra Silva weiß, ob die Menschen glücklich sind oder nicht. Immer aber hat er den richtigen Drink parat. Gerade gießt der Barkeeper drei Jahre alten Rum aus Kuba in den Cocktailshaker, dann fügt er spanischen Likör, frischen Limettensaft und Zuckersirup hinzu. „Und das Ganze runden wir mit Birnensenf ab", sagt Silva, der gerade eine eigene Kreation zubereitet: einen „Mustard Smash". Silvas Arbeitsplatz befindet sich in einer Höhe von 37 Metern: Auf der achten Etage des Kieler Atlantic-Hotels ist das Deck 8, die Hotelbar. Und weit reicht der Blick die Förde hinauf und auf die Hörn herab, während unten die Schwedenfähre tutend zur Abfahrt ruft, Menschenströme zum Bahnhof wuseln und Autoschlangen dem Feierabend entgegensteuern.

Zur Kieler Woche im Juni 2010 hat die Vier-Sterne-Herberge mitten im Stadtzentrum eröffnet, Barchef Silva ist von Beginn an dabei und hat den Betrieb mitaufgebaut. Seine Arbeit mache ihn glücklich, bekennt er, „auch wenn es oft um Sorgen geht". Aber ein freundliches Gespräch, die Nähe des Fördewassers, nicht zuletzt das Panorama und freilich auch die Getränke sorgten dafür, dass die Stimmung steige.

TIPP *Freunde historischer Boote und Schiffe kommen am Germaniabecken gegenüber auf ihre Kosten.*

Seit 1997 lebt Ravindra Silva in Deutschland, geboren wurde er in Sri Lanka und gearbeitet hat Silva zuvor in Berlin. Dorthin zurück möchte er nicht, zumal ihn die Kieler längst ins Herz geschlossen haben: Heute gilt er als einer der bekanntesten Barmänner in der Landeshauptstadt. Und weil dort nicht immer die Sonne scheint, hat er auch für dunklere Tage einen Drink entworfen, den „Kieler Sunrise": Im Glas trifft Sanddornlikör auf Chambord-Likör, Limettensaft, weißen Rohrzucker und etwas Minze. Preisgekrönt ist derweil der „Sunny Day": Whisky mischt sich mit Orange, Rohrzucker, Lime Juice Cordial und Cranberry-Nektar.

70 Sitze hat Deck 8 im Inneren, auf der rundherum verglasten und stets geschützten Dachterrasse können 80 Gäste täglich ab 18 Uhr Platz nehmen (Sonntag ist Ruhetag). Reservierungen sind indes nicht möglich. Dresscode beachten!

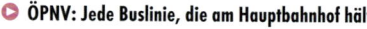

▶ **Deck 8, Atlantic-Hotel, Raiffeisenstraße 2, 24103 Kiel, Tel. (04 31) 3 74 99-0**
www.atlantic-hotels.de
▶ **ÖPNV: Jede Buslinie, die am Hauptbahnhof hält**

Überfahrt im Schuhkarton

 Die Adler I am Nord-Ostsee-Kanal

Aussteiger links, Einsteiger rechts. Fußgänger haben Vortritt und Fahrräder im Passagierraum nichts zu suchen. Und wer zu spät kommt, der muss auf die nächste Überfahrt warten – dauert ja auch nicht lange. Wer mit der Fähre Adler I den Nord-Ostsee-Kanal kreuzen möchte, der erlebt eine ganz besondere Schiffstour: „Schuhkarton" haben die Kieler das nur 13,50 Meter lange und 4,60 Meter breite Schiff getauft, auf dem exakt 49 Passagiere mit und ohne Fahrrad Platz finden. Seit 1984 verbindet die in Husum gebaute Adler I die Wik mit dem Kieler Stadtteil Holtenau. Rund 200.000 Menschen fahren jährlich mit, und das kostenlos. „Die Vorschrift, dass alles ohne Entgelt über den Kanal transportiert werden muss, stammt noch aus Kaisers Zeiten", erinnert Sven Pries, Betriebsleiter der Adler-Reederei, an den Bau der Wasserstraße unter den Kaisern Wilhelm I., Friedrich III. und Wilhelm II. in den Jahren von 1887 bis 1895: Weil diese bestehende Verkehrswege trennte und ganze Dörfer auseinanderriss, sollte eben jegliche Beförderung ohne Entgelt erfolgen. Pries verrät ein weiteres Kuriosum aus jenem Jahrhundert: „Offiziell ist die Adler I auch heute noch ein zwölf Meter langes Eichenboot." Insgesamt pendeln 14 Fähren auf dem heute fast 100 Kilometer langen Kanal zwischen der Landeshauptstadt und Brunsbüttel. Die Adler I fährt meist im 15-Minuten-Takt zwischen 6.30 und 22 Uhr, an den Wochenenden und an Feiertagen aber erst nach 9.30 Uhr.

TIPP *Die Adler-Reederei hat auf ihren Internetseiten eine Webcam mit Schleusenblick eingerichtet.*

Der Entwurf für das eckige Schiff stamme aus der 1950 gegründeten Reederei selbst, erklärt deren heutiger Betriebsleiter. Die Adler I sei also weltweit einzigartig. Die Höchstgeschwindigkeit liegt bei acht Knoten, das sind keine 15 Kilometer in der Stunde. Auftraggeber für diese Fahrten ist das Kieler Wasserstraßen- und Schifffahrtsamt. Und auf ihrem fast 128 Meter langen Weg von einem Ufer zum anderen bietet sich ein tiefer Blick in die Schleuse zur Förde, auch ist mancher große Pott so nah wie sonst nie: Fröhlich winken die Gäste von den Kreuzfahrtschiffen auf dem Weg ins Urlaubsglück.

Adler 1 (Fährlinie 3), Anleger Wik-Kanal oder Kiel-Holtenau
www.adler-schiffe.de
ÖPNV: Bus 11, Haltestelle Wik/Kanal; Bus 32, 91, Haltestelle Jaegerallee

Schwimmende Schweine

21 *Der Arche-Park in Warder*

Plötzlich ist das Gegrunze groß. Und das Geschnatter auch. Aufgescheucht machen Enten Platz: Den Weg eines hungrigen Turopolje-Schweins sollte niemand kreuzen, wenn sich das Borstenvieh in den Tümpel stürzt. Diesmal hat Stefanie Klingel Brötchen mitgebracht, und diese Leckerbissen gibt es nicht alle Tage. „Die Turopolje-Schweine haben wir seit Beginn", erinnert sich die Pädagogin an das Jahr 2003, als die Arche Warder in der gleichnamigen Gemeinde (Kreis Rendsburg-Eckernförde) das etwa 40 Hektar große Gelände eines früheren Tierparks bezogen hat. Heute tummeln sich dort 82 Rassen und mehr als 1200 Tiere – Tiere, die einst dem Menschen von Nutzen waren, dann aber in Vergessenheit gerieten, weil sie den Ansprüchen nicht mehr genügen konnten. Oder weil sie nahezu ausgerottet waren – so wie die Turopolje-Schweine, die in den Auen der Save lebten, bis der jugoslawische Bürgerkrieg (1991–1999) wütete. Nur 30 Tiere, so schätzen Experten heute, haben damals überlebt. „Diese wurden nach Österreich in Sicherheit gebracht", schildert Arche-Mitarbeiterin Klingel. Eine große Zuchtgruppe lebt glücklich in Warder. Und der 2009 angelegte Teich mit den schwimmenden Schweinen ist der wohl beliebteste Platz auf dem Gelände. „Eigentlich kann jedes Schwein schwimmen, doch nicht jedes mag es und ist geschickt darin", ergänzt Stefanie Klingel.

TIPP Im Veranstaltungskalender der Arche Warder finden sich auch Steinzeit- und Mittelalterfeste.

Das Turopolje-Schwein entstand Ende des 18. Jahrhunderts durch Kreuzung. Die Landwirte in den oft überschwemmten Auen brauchten Tiere, die in jener Region überleben konnten. Die Schweine tauchen auch und knacken Muscheln. Und gleich neben dem Gewässer, das sich die Schweine mit Orpington- und Rouen-Clair-Enten teilen, ist sozusagen die Kinderstube von Familie Turopolje und anderen: Da quieken die Ferkel und werfen sich wohlig grunzend auf den Rücken, wenn Besucher den Bauch und die Borsten kraulen. Übrigens: Viele der Tiere dort sind neugierig – weil sie seit Jahrtausenden an das Zusammenleben mit Menschen gewöhnt sind.

Arche Warder, Zentrum für alte Haus- und Nutztierrassen, Langwedeler Weg 11, 24646 Warder, Tel. (0 43 29) 91 34-0, www.arche-warder.de
ÖPNV: Bus 4610, Haltestelle Langwedel Denkmal, 1 Kilometer Fußweg

Mit Whisky und Vanille

 22 *Jan Mogensens besondere Würste*

Die mit Whisky gibt es erst ab 18. „Ist eben viel Alkohol drin", sagt Fleischer Jan Mogensen, der gern Hochprozentiges in seine Würste mischt. Und die baumeln hinter dem Tresen gleich hundertfach. Es gibt sie mit Lakritz ebenso wie mit Gummibärchen, mit Vanille oder Erdbeeren, mit Anis oder Kümmel, mit Fenchel oder Lavendel. „Oder ganz klassisch geräuchert und nur mit Salz und Pfeffer gewürzt", ergänzt Mogensen, der an der Kanalstraße im Kieler Stadtteil Holtenau einen 1884 gegründeten Familienbetrieb in sechster Generation fortführt. Und seit bald drei Jahrzehnten hat er „Schleusentampen" im Angebot: Schlanke Fleischwürste mit oft ausgefallenen Zugaben. „Für meine Meisterprüfung musste ich mir damals etwas Besonderes einfallen lassen", erinnert sich Mogensen, den Stammkunden „Mogi" nennen, an gescheiterte Versuche, einen Palstek, einen Seefahrerknoten, aus Fleisch zu schlingen – und eben auch an die gelungene Erfindung der „Schleusentampen". Ein Tampen ist übrigens das Ende eines Taus.

Schnaps schmecke eigentlich immer, schildert der Fleischermeister: Fünf Kilogramm Wurst schluckten zum Beispiel eine ganze Flasche von jenem Kräuterlikör mit Geweih, rechnet er vor. „Nach zwei Minuten ist das Getränk völlig versickert." Wer scharfe Sachen mag, der erhält in dem urigen Geschäft „Schleusentampen" mit Pfefferkörnern, mit Chiliflocken oder Peperonistücken. Eine Nacht kommt die Fleischware, die der Kieler ansonsten nach Art einer Kochwurst herstellt, in den Räucherofen. Meist verwendet Jan Mogensen Schweinefleisch aus der Region, aber auch Rind und Lamm werden verarbeitet. „Viele Kunden macht es glücklich, wenn die Würste fast steinhart sind", berichtet der Fleischer, der selbst den klassisch gewürzten, eher weichen Tampen bevorzugt und ihn am liebsten beim Fußball vor dem Fernseher mit einem herben Bier hinunterspült. Übrigens: Wer bei ihm einkaufen möchte, sollte etwas Zeit mitbringen. Oft stehen die Hungrigen Schlange – und ein Klönschnack mit dem Chef geht immer.

TIPP Die Kanalstraße ist übrigens sehenswert: Sie gilt als eine der ältesten Platanenalleen der Stadt.

🔴 Fleischergeschäft Jan Mogensen, Kanalstraße 35, 24159 Kiel, Tel. (04 31) 36 11 23
www.fleischerei-mogensen.de
🔴 ÖPNV: Bus 32, 91, Haltestelle Schleuse

Salzkraken und Fruchtfüße

23 *Im Naschkram Lagerverkauf*

Salzige Kraken, fruchtige Füße, süße Spanferkel, natürlich weiße Mäuse und kunterbunte Bären sowieso: Mehr als 200 Naschwaren wollen in kleine Tüten geschaufelt werden. Aus aller Welt holt Geschäftsführer Hendrik Heinicke seine „Naschis", wie der Norddeutsche sagt, in die Landeshauptstadt, um sie im Naschkram Lagerverkauf auszubreiten. Und man muss nicht lange warten, bis sich auch Erwachsene an Kiels längster Naschbar in glücklich glucksende Kinder verwandeln: „Ein paradiesisches Schlaraffenland", schwärmt etwa Kunde Dominik Tischner aus Rendsburg, spontan an der Kasse angesprochen, ob dieser Vielfalt von mehr als 900 essbaren Artikeln, die auch jeden Zahnarzt glücklich machen.

Dabei gibt es nicht nur Süßes in den Auslagen: „Schließlich sind wir hier oben jenseits des Lakritz-Äquators", betont Heinicke. Ab Göttingen nordwärts steige der Konsum jener Süßholzware, die Heinicke auch gesalzen anbietet. Und mancher Krake ist so salzig, dass sich prompt die Lippen kräuseln. Heiß wird's im Mund dagegen beim Genuss feurig-süßer Chilischoten aus rot-grünem Fruchtgummi. „Muss man mögen",

TIPP *Der Volkspark in Gaarden wurde 1899 für Bedienstete der kaiserlichen Werft angelegt.*

weiß Heinicke, der persönlich Schokolade bevorzugt. Besonders oft, sagt er, gingen Naschis aus Skandinavien über den Ladentresen. Die weiteste Reise hätten derweil die Gaumenkitzler aus den USA hinter sich. Und wer's auch im Sommer gern weihnachtlich mag, der lässt derweil dunkelrote Glühweinsterne in die Tüte rieseln.

„Viele unserer Kunden kommen regelmäßig, um sich bei uns ihre Monatsration an Naschis zusammenzustellen", hat Hendrik Heinicke beobachtet. Seit 2008 beliefert er deutschlandweit Einzelhändler mit seinen Waren, 2011 kam er auf die Idee, zwischen Baumarkt und Chinaimbiss Naschkram in rauen Mengen anzubieten: „Mit einer Europalette und 20 Artikeln ging es los", erinnert sich Heinicke. Doch schon bald hätten die Kunden Schlange gestanden, um einen süßen Ausflug in die Kindheit zu unternehmen. Für Erwachsene gibt es, etwas versteckt am Ende der Naschbar, übrigens auch ganz spezielle Süßigkeiten.

● Naschkram Lagerverkauf, Theodor-Heuss-Ring 140, 24143 Kiel, Tel. (04 31) 26 09 58 94
www.naschkram.com
● ÖPNV: Bus 71, 72, 900, 901, 902, Haltestelle Diedrichstraße oder Ostring

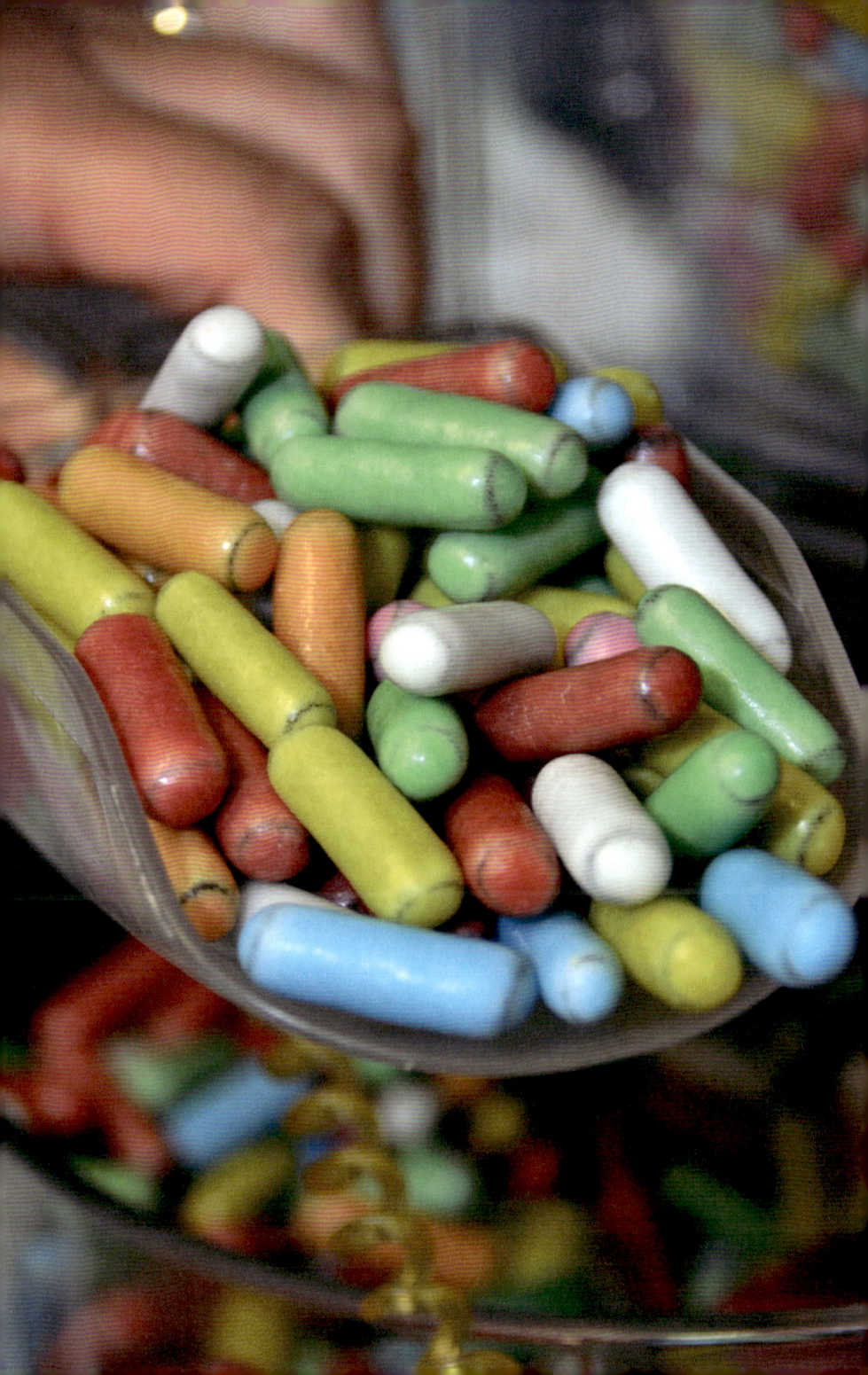

Wo sich das Zebra tummelt

24 · Hein Daddel in der Sparkassen-Arena

Hein Daddel hat Spaß. Er winkt und tanzt, er herzt und drückt. Und plötzlich flitzt das Zebra die Zuschauerränge hoch. Das ist eine stramme Leistung: Schließlich bringt das stattliche Maskottchen des Handball-Bundesligisten THW Kiel etwa 200 Kilogramm auf die Waage – der Student in der 2,10 Meter hohen Figur ist da eingerechnet. Vater des Zebras, das sich am 11. November 1998 erstmals in der damaligen Ostseehalle tummelte, ist Peter Röders, Deutschlands wohl bekanntester Puppenbauer. Herr von Bödefeld aus der „Sesamstraße", Bernd das Brot und Günter Kastenfrosch sind Hein Daddels Geschwister. „Und alles an ihnen ist Handarbeit", betont Röders, der seine Werkstatt 1971 in Idstedt (Kreis Schleswig-Flensburg) eröffnet hat und dort auch das Fabula-Figurentheater führt.

Für das Kieler Zebra hat er erst ein 20 Zentimeter hohes Modell in Ton geformt. Doch das sei zu nah an der Natur gewesen, erinnert sich Röders. Also setzte er auf Knopfaugen und eine dicke Nase – und prompt kam das Zebra an. „Es wird zum Glück heute noch sehr gemocht", freut sich der Schöpfer, der viel Lob findet für die Menschen im Inneren, meist eben Studenten: „Eine Puppe ist immer nur so gut wie ihr Spieler", betont Röders. Und er verrät, dass das Zebra Doppelgänger hat: „Ist ein Hein schmutzig oder gar kaputt, wird er bei uns auf Vordermann gebracht."

TIPP Peter Röders Fabula-Theater ist keine 70 Kilometer von Kiel entfernt – warum nicht hinfahren?

Seinen Namen hat das Zebra übrigens vom Kieler Handballidol Heinrich Dahlinger (1922–2008), dessen Spitzname „Hein Daddel" war. Fünfmal wurde Dahlinger mit dem im Februar 1904 gegründeten THW in seiner Laufbahn Deutscher Meister. Und wer Kiel besucht, der sollte die heutige Sparkassen-Arena nicht auslassen. Ein frühzeitiger Ticketkauf ist aber Pflicht. Fast 10.300 Sportfreunde haben unter dem Dach der von dem Kieler Architekten Wilhelm Neveling (1908–1978) entworfenen und im März 1952 eröffneten Halle Platz. Und irgendwo ist immer das knuddelige Zebra, meistens mittendrin. Vater Peter Röders freut sich über jedes Wiedersehen – und wenn es nur im Sportfernsehen ist.

● Sparkassen-Arena, Europaplatz 1, 24103 Kiel, Ticket-Tel. (0 18 06) 30 02 34
www.thw-handball.de
● ÖPNV: Bus 22, 31, 34, 100, 101, 300, 640, 830, 4810, Haltestelle Exerzierplatz

Fit für den Wellenritt

 Swana Hartmanns Surfyoga am Strand

Jetzt ist der Hund dran. Es geht runter auf alle viere. Dann gilt es, den Allerwertesten so weit wie möglich in die Höhe zu strecken. Dem Hund folgt der Sonnengruß: Gerade sind der Rücken und beide Arme, die Hände berühren den blauen Himmel über Laboe (Kreis Plön). Aus der gestreckten Haltung geht es wieder dem Strand entgegen – Hund, Sprinter, Cobra. Fließend-geschmeidig sind diese Bewegungen, die den Sonnengruß bilden. Und der Schweiß tropft. Es sei eine Art Poweryoga, sagt Kursleiterin Swana Hartmann, die vor allem ein Ziel hat: Menschen fitzumachen für das Wellenbrett. Die 1995 geborene Hartmann nennt es „Surfyoga" – und dieses Angebot ist den Angaben der Wahl-Kielerin zufolge einzigartig in Schleswig-Holstein. 2017 hat sich die Kite-Surf-Lehrerin damit selbstständig gemacht. Nachdem die Liebe sie in den Norden geführt hatte.

„Lange habe ich gegrübelt, wie ich den Körper für den Wassersport stärken könnte", erinnert sich Hartmann, die Schnupperstunden anbietet und Yoga-Freunde dafür etwa an den Strand der Gemeinde Laboe einlädt.

TIPP *Gleich rauf aufs Brett? Surfer's Paradise, Strandstraße 33, bietet in Laboe Schnupperstunden an.*

Ihre Liebe zur Yogalehre habe sie in Bali entdeckt, verrät die Dozentin. „Dort habe ich ein halbes Jahr verbracht und bin unglaublich zur Ruhe gekommen." In der Landeshauptstadt unterhält sie am Blücherplatz ein eigenes Studio mit Café, aber das Surfyoga findet immer in der Nähe der Ostsee statt. Die Wellen rauschen, Möwen kreischen. „Never waveless", niemals ohne Wellen, ist Studioname und Lebensmotto gleichermaßen.

Diesmal sind die Yogamatten etwas abseits der Sonnenanbeter ausgebreitet, gleich hinter einer flachen Düne. Hartmann hat Musik mitgebracht, aus einem Lautsprecher träufeln Entspannungsklänge. Mit einem Baum, in aufrechter Position und angewinkeltem Bein, geht die Übungsstunde zu Ende. Erschöpft, aber glücklich werden die Matten eingerollt.

„Für einen gelungenen Yoga-Unterricht muss man sich mögen", betont Swana Hartmann, der eine familiäre Atmosphäre und ein intensiver Kontakt zu ihren Schülern wichtig sind, auch am Badestrand.

⊙ Neverwaveless-Yoga, Swana Hartmann, kostenpflichtige Schnupperstunden am Strand für Einzelpersonen können vereinbart werden unter Tel. (01 51) 61 71 16 13
www.neverwaveless-yoga.de

Wo die Nixen singen

 Der Schleusenpark in der Wik

Plötzlich sind sie da, diese glucksenden Laute, sanft plätschernd schmeicheln sie sich ins Ohr. Und wer genau hinhört, vernimmt einen betörenden Ruf: „Komm zu mir!" Wer in der Wik von der Herthastraße durch den Schleusenpark auf den Wiker Balkon zusteuert, sieht einen Zahn aus Stahl, der aus dem Rasen ragt. Es ist das Werk der Künstlerin Maria Malmberg, „Nixenbad" hat sie es 2013 genannt. Unterirdische Technik lässt die leisen Frauengesänge zwischen 7 und 19 Uhr erklingen. „Diese habe ich zum Teil wirklich unter Wasser aufgenommen", verrät Malmberg, für die der im Sommer 2012 fertiggestellte Schleusenpark ein Sehnsuchtsort ist, an den sie oft zurückkehre – wegen der Nähe zum Wasser und zu den Schiffen, die den Nord-Ostsee-Kanal durchqueren. Ihr Kunstwerk, dessen Form sie als Segel, als Schiffskiel oder als Fluke verstanden wissen will, soll eine Verbindung schaffen zwischen dem Land und dem Meer. „Hält man ein Ohr gegen den Stahl, verändert sich die Klangfarbe des Gesangs und hält verschiedenste räumliche und emotionale Assoziationen bereit", schildert die Kielerin. Ebenso verändere sich der Klang mit dem Wetter.

TIPP *Technikbegeisterte sind im benachbarten Museum Maschinenraum genau richtig.*

Entstanden ist der mehr als 5000 Quadratmeter große und 1,5 Millionen Euro teure Schleusenpark auf dem früheren Gelände eines Gaskraftwerks. Nach aufwendiger Beseitigung aller Altlasten hat die Stadt Kiel das Grünland angelegt. Zur Böschung oberhalb der Uferstraße hin mündet es in eine 2,60 Meter hohe Aussichtsplattform, den Wiker Balkon. Doch mit dem waren die Kieler alles andere als glücklich, viel Spott haben sie darüber ausgeschüttet: So sollte er zum Schiffeschauen einladen, doch war die Sicht wegen hoher Bäume und baufälliger Hallen zunächst stark begrenzt. Inzwischen hat die Stadt nachgebessert und neue Perspektiven geschaffen. Der Balkon liegt in einer Höhe von insgesamt 17 Metern über dem Straßenniveau. Sitzliegen aus Holz und breite Stufen bieten Platz zum Verschnaufen. Oder wie es Maria Malmberg ausdrückt: „Man kann mit diesem Ort verschmelzen."

◉ Schleusenpark, Herthastraße/Uferstraße, 24106 Kiel
◉ ÖPNV: Bus 6, 32, 92, Haltestelle Herthastraße; Bus 11, Haltestelle Wik/Kanal; Bus 33, 91, 501/502, 901/902, Haltestelle Schleusenstraße

Anfassen ist erlaubt

Michael Kmoch lädt in die 50er-Jahre ein

Die Bundesrepublik sonnt sich im Urlaub unter der Sonne des Südens, die Deutschen kaufen sich schöne Dinge und feiern das Wunder von Bern. Viele Gründe gibt es, dieses besondere Jahrzehnt zu würdigen. Michael Kmoch tut es. An der Nordmole des Kieler Scheerhafens hat er in der früheren Halle eines Schiffsausrüsters ein Museum eingerichtet und es „Zeitreise durch die 50er-Jahre" genannt. „Tatsächlich beschäftigen wir uns aber mit der Zeit zwischen 1948 und 1963, weil die Fünfziger sonst nicht zu verstehen wären", erklärt Kmoch mit Blick auf zwei prägende Ereignisse: die Währungsreform hier und der Abgang Konrad Adenauers als Bundeskanzler dort. In der Kieler Wik erzählt Kmoch, selbst Jahrgang 1952, die Geschichte mit Geschichten und riesigen Momentaufnahmen des Bonner Fotojournalisten Josef Heinrich Darchinger (1925–2013), der mit seiner Kamera die junge Republik begleitet hat. Einen Lebensmittelladen aus jener Zeit hat Kmoch ebenso aufgebaut wie einen Kiosk und eine Autowerkstatt. Und an einer Plattenbar schaut Elvis Presley schmachtend vom Vinylcover, während Freddy Quinn eher knabenhaft lächelt. 2015 erst ist die Schau auf rund 500 Quadratmetern am Ufer des Nord-Ostsee-Kanals sesshaft geworden, zuvor war ihr Besitzer damit auf Reisen.

TIPP *Wer mit dem Reisemobil unterwegs ist, findet bei Michael Kmoch einen Stellplatz.*

Ausgebreitet hat er Gegenstände und Dinge aus dem Alltag, die allesamt angefasst werden dürfen. Da ruht in der Auslage des Elektroladens ein „Sixtant" von Braun, 61 D-Mark kostet der Rasierer. „Das war viel Geld. Und war das Gerät kaputt, wurde es repariert", schildert Michael Kmoch, der die Gegensätze zwischen einst und heute aufzeigen und die Wertevorstellung von damals darstellen möchte: „Was man hatte, wurde mehr geschätzt." Jungen Leuten möchte er eine Brücke bauen zu dieser wichtigen Zeit, während er hofft, dass sich ältere Besucher erinnern: „Solche Rückblicke machen nämlich glücklich." Eines möchte der Zeithüter indes nicht: Sachspenden aus jenem Jahrzehnt. „Ich suche allenfalls eine komplette Drogerie", verrät er. „So etwas fehlt hier noch."

⊙ „Zeitreise durch die 50er-Jahre", Mecklenburger Straße 58, 24106 Kiel, Tel. (04 31) 3 89 08 50
www.50er-jahre-museum-kiel.de
⊙ ÖPNV: Bus 6, 32, 92, Haltestelle Herthastraße; Bus 33, 91, 501/502, 901/902,
Haltestelle Schleusenstraße

Sprünge in die Förde

 28 *Ein Freundeskreis pflegt das Seebad Holtenau*

Besonders Mutige springen schon am Neujahrstag in die Förde. Joerg Grabo aber winkt ab. Er bevorzugt die Badetage im Spätsommer, um ins Wasser zu tauchen. Von Juni bis September steht die Badeanstalt im Kieler Stadtteil Holtenau jedem, der schwimmen möchte, bei freiem Eintritt von 13 bis 19 Uhr offen. In der übrigen Zeit des Jahres aber muss man, so wie eben Grabo auch, Mitglied im Kreis der Freunde und Förderer sein oder in einer Lotterie Glück haben und einen der 100 Schlüssel für die Anlage gewinnen. Immer im März werden diese verlost. „Der Eintritt ist zwar frei", sagt Grabo, „aber wir sind auf Spenden angewiesen, um den Badebetrieb zu organisieren". Bisher habe das Geld stets gereicht, um die Seebadeanstalt in Schuss zu halten. Bis 1992 war diese Eigentum der Stadt, danach bewahrte jener Freundeskreis die Anlage vor dem Abriss. Die erste Badestelle am Holtenauer Ufer wurde 1907 eröffnet, das zeigen Postkarten von einst. Initiator war damals der Holtenauer Wasserbauinspektor Johannes Lütjohann. Frauen und Männer badeten zu jener Zeit natürlich strikt getrennt. Sportgeräte wie Reck und Barren dienten auf den Holzplanken der weiteren Ertüchtigung des Körpers.

TIPP *In der nahen Hafenwirtschaft, Kanalstraße 65, finden Gin-Freunde den hauseigenen Buddeldaddeldu.*

Heute stehen auf diesem Kleinod nur noch Bänke und eine Handvoll Liegestühle. Der zuletzt 2013 sanierte Holzbau in Weiß und Blau stammt aus den 1950er- und 1980er-Jahren. Völlig neu ist sein Unterbau, weil das zuvor tragende Holz morsch geworden war. Die gut 50 Meter lange Schwimmbahn ist aber dieselbe wie einst. Etwa 5000 bis 8000 Badegäste kommen nach Grabos Angaben Jahr für Jahr. „Und von den 100 Schlüsseln profitieren bestimmt 400 Schwimmer insgesamt." Eigentümer ist die Hamburger Lighthouse Foundation, die sich ansonsten weltweit für den Schutz der Meere und Ozeane einsetzt. 2012 hat sich der Freundeskreis gefunden, aus dessen Reihen die „Steg-Mentoren", die Badeaufsichten, hervorgehen und der auch immer wieder zu kulturellen oder maritimen Veranstaltungen in die schmucke Seebadeanstalt einlädt.

▶ **Seebadeanstalt Holtenau, Holtenauer Reede 30, 24159 Kiel, Tel. (04 31) 97 99 74 26**
www.seebad-holtenau.de
▶ **ÖPNV: Bus 32, 91, Haltestelle Kastanienallee**

Geschichte im Grünen

 29 *Das Freilichtmuseum in Molfsee*

Riesige Knochen formen einen Torbogen und bedeuten: Hier lebt ein Walfänger. Das war 1699, als Kapitän Lorens Petersen de Hahn (1668–1747) in Westerland auf der Insel Sylt sein Haus errichten ließ. Seit 1969 steht dieses aber in Kiels Nachbargemeinde Molfsee (Kreis Rendsburg-Eckernförde) auf dem Gelände des rund 40 Hektar großen Freilichtmuseums. 1965 wurde das heutige Landesmuseum für Volkskunde eröffnet, zu sehen sind dort mehr als 70 historische Mühlen, Hofanlagen und Wohngebäude aus Schleswig-Holstein. Sie wurden transloziert, so nennen es die Fachleute. Das Heim des Walfängers gehört zu den schönsten – kein Wunder, gilt Lorens Petersen de Hahn doch als der reichste Sylter seiner Zeit. Er soll 169 Wale zur Strecke gebracht haben, so viele wie kein anderer. Aus dem Speck dieser Tiere wurde vor allem, zu Tran verkocht, Brennstoff für die Fabriken hergestellt, auch Lampen brannten damit. Seit 1948 verbietet ein Moratorium den Walfang zwar nicht grundsätzlich, doch schränkt es ihn stark ein. Die Knochen waren der Unterkiefer eines mächtigen Grönlandwals, den der Jäger im Eismeer erwischt hatte.

TIPP *In der Umgebung des Museums führen viele Wanderwege durch üppige Naturschutzgebiete.*

Nicht weit von diesem Langhaus steht die Apotheke aus Cismar von 1840 mit ihrem Kräutergarten. Zu sehen ist eine Offizin (sozusagen die Werkstatt des Apothekers) mit reich verzierten Mahagonischränken aus der Biedermeierzeit. Sie gehörten der „Königlich Privilegierten Apotheke" in der Nordsee-Gemeinde Lunden. Es ist nicht nur ein Glück, dass diese Häuser erhalten bleiben: In manchem wird wieder gearbeitet, in der Korbflechterei, in der Schmiede, im Backhaus und in der Weberei etwa. In Bewegung ist auch der Jahrmarkt mit Schiffschaukel und Kettenflieger. Märkte und andere Veranstaltungen laden überdies zu Reisen in die Vergangenheit ein. Und die machen Hunger: In der Meierei gibt es Milchreis ebenso wie den Bauernteller mit Schafskäsebrocken (Achtung, Geheimtipp!). Ab 2020 öffnet das Museum das ganze Jahr: Für rund zehn Millionen Euro entsteht ein neues Ausstellungsgebäude.

○ **Freilichtmuseum Molfsee, Hamburger Landstraße 97, 24113 Molfsee, Tel. (0 46 21) 81 32 22**
www.schloss-gottorf.de/molfsee
○ **ÖPNV: Bus 501, 502, 520, 540, 620, 4610, Haltestelle Freilichtmuseum**

Honig in der Alten Mu

 30 *Kiels Stadtimkerei*

Wie viele Mitarbeiter Utha Bonowsky genau hat, das weiß sie nicht. Aber mehr als 1,5 Millionen seien es bestimmt, überlegt die Diplom-Agraringenieurin. Und die sind in der ganzen Fördestadt unterwegs, um den „Kieler Honig" herzustellen. 2012 hat sich Bonowsky als „Honigdeern" selbstständig gemacht, heute handelt die Imkerin auch mit dem Kieler Stadthonig. Und lokaler geht es kaum: Jeder Löffel davon hat seine eigene Heimat – „Schleusenpark", „Alter Botanischer Garten" oder „Schrevenpark" steht auf den runden Gläsern, die überdies nummeriert sind. „Tatsächlich schmeckt jeder Honig anders", sagt Utha Bonowsky. Während sich die Kieler freuten, dass sie ihrer Honigbiene auf dem Balkon oder im Garten begegnet sind, schätzten Urlauber den Stadthonig als schmackhaftes Souvenir. Denn wer möchte, der kann die Honigdeern an ihrer Produktionsstätte in der Alten Mu, der früheren Muthesius-Kunsthochschule, besuchen – immer mittwochs von 16 bis 19 Uhr oder nach Absprache. Dort darf mancher Honig probiert werden, Bonowsky beantwortet alle Fragen rund um die Naturware und zu ihren 24 Völkern, die auch in der Kieler Nachbarschaft ihre Standorte haben: Als Honigdeern verkauft die Imkerin landesweit Honig aus der Region. Auch bietet sie Honigbonbons an, die aus der Herstellung von Dirk Bendler im Bonscherhus (Alter Markt) stammen.

TIPP Neben der Imkerei beheimatet ist die Galerie Seepferdchen mit handgefertigten Waren und Getränken.

Zum Honig gefunden hat Utha Bonowsky durch ein Seminar an der Imkerschule in Bad Segeberg, schließlich gab sie den Bienen zuliebe ihre Agentur für Design und Marketing auf. Heute sei sie als Imkerin sehr glücklich, verrät die Kielerin, die in guten Jahren drei Ernten einholt: Nur ein Fünftel des Honigs, der Jahr für Jahr in Deutschland verspeist werde, komme aus dem eigenen Land, führt Bonowsky aus. Für sie ist die Bienenpflege ein ernstes Anliegen und eine Herzenssache gleichermaßen: „Die Biene hat eine zentrale Rolle im Ökosystem und eine zentrale Bedeutung in der Herstellung von Nahrung für den Menschen und für andere Tiere", sagt sie mit Blick auf das seit Jahren anhaltende Bienensterben.

● Kieler Honig / Honigdeern, Alte Mu, Lorentzendamm 6–8, 24103 Kiel, Tel. (01 72) 4 14 23 60
www.honigdeern.de
● ÖPNV: Bus 11, Haltestelle Lorentzendamm

Grünes Juwel

31 *Der Schrevenpark*

Kiel ist eine grüne Stadt. Mit viel Wasser. Und vielen Parks. Der zentrale Stadtteil Schreventeich hat beides: Eine üppige Grünanlage mit einem Gewässer in der Mitte. Wobei der Begriff „Teich" eine maßlose Untertreibung ist, bedeckt er doch zwei Drittel der gesamten Parkfläche. Angelegt wurde der heutige Schrevenpark zwischen 1900 und 1902, nachdem die Fördestadt ihre Grenzen deutlich verschoben hatte. Die Pläne entwarf der Stadtgartenbaudirektor Ferdinand Hurtzig (1872–1939), damals aber trug das Gelände den Namen Hohenzollernpark, bis sich die gegenwärtige Bezeichnung etablierte und ein Beschluss des Stadtrats von 1947 diese offiziell machte: Als das Gewässer, entstanden in der Eiszeit und bis 1889 Wasserquelle für das Kieler Schloss, noch außerhalb der Stadtgrenzen lag, war es „'s Grefens Diek", „des Grafen Teich". Und das schliff der Volksmund im Laufe der Jahrzehnte zu einem knappen „Schreventeich". Heute ist das Gelände Kiels wahrscheinlich beliebtester Park, in dem immer etwas los ist: Teenager hocken auf dem hölzernen Steg, zeigen sich Smartphonefotos, hören Musik. Jogger schnaufen über die Wege, Walker stöckeln hinterher. Kinder toben.

TIPP *Im Sommer – und auch zur Kieler Woche – finden im Park große Bouleturniere statt.*

Aber auch Naturkundler erleben in der zwölf Hektar großen Anlage echte Glücksgefühle: Der Schrevenpark gilt als eines der weitläufigsten Freigehege für Wasservögel – nicht nur in Deutschland, sondern auch in Europa. Rund 20 Gänse- und sogar 30 Entenarten sind dort heimisch. Sie zu füttern, ist indes streng verboten. Zudem locken Skulpturen an verschiedenen Plätzen ins Grüne. Kinder kommen auf dem Spielplatz und in einem Planschbecken auf ihre Kosten. Eine schmucke Holzbrücke führt zu einer kleinen Insel, nebenan lädt der Rosengarten von 1926 zu Schmökerstunden ein. Darin zu finden ist seit 1926 „Die Schlummernde", eine Arbeit von Professor Richard Engelmann (1868–1957), von den Kielern zur „Venus von Kilo" umgetauft, weil die Dargestellte etwas fülliger ist. Apropos: Einen Imbiss gibt es dort ebenfalls.

⊙ Schrevenpark, Zugang von Goethe- oder Schillerstraße, 24116 Kiel
⊙ ÖPNV: Bus 22, 71, 72, 830, 4810, Haltestelle Arndtplatz

Das Glück des Ungestörten

 Die Nikolaikirche am Alten Markt

Dr. Matthias Wünsche freut sich über jeden Besucher. Über den, der nach spiritueller Einkehr sucht, ebenso wie über denjenigen, der auf einer Bank Platz nimmt, um ungestört in einem Buch zu lesen. Wünsche hat sich nie als Hausherr der evangelischen Kirche Sankt Nikolai gesehen, sondern als Gastgeber. „Wir wollten eine offene, einladende Kirche haben, die frei ist von all jenem, das andernorts einschränkt", erklärt der Pastor, der heute in Hamburg tätig ist. Aus persönlicher Motivation hat er in der Fördestadt die frühere Taufkapelle 2005 zum „Raum der Stille" erklärt. Und im Schatten der Kanzel steht ein Pult, an dem die Bibel in mindestens zehn Sprachen auf Leser wartet. „So etwas habe ich erstmals im Dom zu Visby auf der schwedischen Insel Gotland gesehen", erinnert sich Wünsche an einen versteckten Ort in jenem Gotteshaus, an dem Besucher – vielleicht fernab der Heimat – das ungestörte Glück der Bibellektüre in ihrer Muttersprache erfahren. „Diese Idee hat mich fasziniert." Ihm sei es wichtig, dass jeder Gast die Nikolaikirche für sich entdeckt.

Ihr Bau begann nach der Stadtgründung durch Adolf IV. von Schauenburg und Holstein um 1242. Damit gilt das Gotteshaus, heute von eher schlichter, nordisch kühler Schönheit, als ältestes Bauwerk in der Landeshauptstadt. Benannt ist die Kirche mit neugotischen Zügen nach dem Schutzheiligen der Schiffer und Kaufleute. Sehenswert sind die 2006 eingesetzten Fenster des Glasbildners Johannes Schreiter (geboren 1930) im „Raum der Stille": Ein Aufruf zur Umkehr und ein Mutmachen, auf eben diesem Weg zu bleiben, wie Schreiter einmal seine Arbeit interpretierte. Vor dem Portal steht zudem eine Bronzeskulptur von Ernst Barlach (1870–1938), „Der Geistkämpfer" von 1928. Eine Besonderheit ist auch die Pommernkapelle, rechter Hand des Eingangs gelegen und in den 1950er-Jahren eingerichtet. Und was macht einen Gastgeber glücklich? Pastor Wünsche antwortet sofort: „Der ungezwungene Kontakt zu jenen Menschen, die tagtäglich zu uns kommen."

TIPP Stets prall gefüllt ist der Konzertkalender der Nikolaikirche.

St.-Nikolai-Kirche, Alter Markt, 24103 Kiel, Tel. (04 31) 9 50 98
www.st-nikolai-kiel.de
ÖPNV: Bus 11, 81, 91, 501, 502, Haltestelle Schwedenkai/Ostseegarten

Gesundes aus der See

 33 *In der Kieler Meeresfarm*

Angerichtet als Salat, als Zutat im Kräuterquark oder in getrockneten Flocken auf asiatischen Gerichten: Die Alge ist in der Küche angekommen. Und nicht nur das: Leuchtend gelb schwappt sie im Glas. „Laminaria" heißt der alkoholische Aperitif, der an Wein erinnert und den Dr. Inez Linke am Kieler Tiessenkai in kleinen Gläsern ausschenkt. „Algen sind irre gesund – wegen der Mineralien und der Vitamine", schwärmt die Meeresbiologin, die sich 2001 mit den Kollegen Dr. Peter Krost und Dr. Levent Piker selbstständig gemacht hat und damals von Forschungsprojekten zum Küstenschutz in die Wirtschaft gewechselt ist: Unter dem Namen Oceanwell ist die Wissenschaftlerin heute an der Herstellung maritimer Naturkosmetik beteiligt, immer geht es um die Alge. Und weil dieses Meeresgemüse mit der Miesmuschel eine perfekte Symbiose bildet, haben die drei Forscher auch die Kieler Meeresfarm gegründet. Vor dem Gelände des Marine-Fliegergeschwaders 5 in Holtenau treibt diese auf bald sechs Hektar im Fördewasser. Erntezeit ist für den Betreiber, Dr. Tim Staufenberger, von September bis ins Frühjahr. Dann werden Muschellarven an speziellen Bändern im Wasser aufgehängt. Haben die Muscheln eine Größe von sechs Zentimetern, dann sind sie erntereif und landen frisch auf Kieler Wochenmärkten. Die Algen werden als Jungpflanzen an Leinen ausgebracht, sie wachsen etwa 50 Zentimeter im Jahr bei einer Wassertemperatur von höchstens 15 Grad Celsius.

TIPP *Nebenan in der nachhaltig arbeitenden Taschenmanufaktur Bootsmann lässt es sich prima stöbern.*

„Die Alge braucht die Muschel und die Muschel die Alge – und wir wollten keine Monokulturen schaffen", beschreibt Inez Linke die glückliche Lebensgemeinschaft unter Wasser. Sie und ihre 15 Kollegen freuen sich auf Besucher: Am Tiessenkai beheimatet sind die Labore und Produktionsstätten ebenso wie Beratungsplätze im Bereich der Meereskosmetik und ein Tresen, an dem das Getränk aus Zuckertang-Algen zu haben ist. „Hier kann man die heimische Meeresalge mit allen Sinnen erleben. Und nach einer Anmeldung setzen wir für Besucher gern einen Algentee auf."

⊙ Oceanwell/Kieler Meeresfarm, Tiessenkai 12, 24159 Kiel, Tel. (04 31) 3 64 58 81
www.oceanwell.de und www.kieler-meeresfarm.de
⊙ ÖPNV: Bus 32, 91, Haltestelle Kastanienallee; Bus 11, Haltestelle Wik/Kanal,
dann Fähre Adler I

Gemeinsam für die Störche

 34 *Die besonderen Fans von Holstein Kiel*

Es gibt einen Ort, an dem Danny Canal besonders glücklich ist: Er hat seinen festen Platz auf der Tribüne K3 im Stadion von Holstein Kiel. Dort treffen sich bei den Spielen des Vereins Fußballfreunde, die in der Verständigung auf die Gebärdensprache angewiesen sind. „Deshalb haben wir den Bereich ‚G-Block' getauft", erklärt Canal. Er gehört zum Vorstand eines im Juli 2015 gegründeten Fanklubs, den „Signtras". Er ist der Futterstorch, so heißt das Amt in der Klubsprache, kennt man die Kieler Fußballer doch auch als „Störche". Weitere Vorstandsmitglieder sind hinter dem Leitstorch eben der Futterstorch, der Windschattenstorch und auch der Back-up-Storch.

Der Name der Gemeinschaft leitet sich aus dem englischen Wort „sign" (Zeichen) und von dem Fantasiewort „Tras" ab. „Dieses soll positiv wirken und eine Bewegung nach vorne ausdrücken", schildert Canal. Holstein Kiel, im Oktober 1900 gegründet, ist übrigens für soziales Engagement bekannt – auch, weil es im Stadion Reporter gibt, die jedes Spiel live kommentieren für blinde und sehbehinderte Fans. Es ist ein Kooperationsprojekt mit dem Kreisverband des Deutschen Roten Kreuzes. „Für uns ist diese soziale Ader einer solchen Traditionsmannschaft besonders wichtig", betont Danny Canal. „Es ist ein Leitgedanke, der niemanden ausschließt, der den Verein mit seiner Energie unterstützen will."

TIPP Keine Lust auf Fußball? Der Botanische Garten ist nah (Leibnizstraße/Am Botanischen Garten 1-9).

Rund 10.400 Zuschauer fasst das Stadion am Westring. Von 1979 bis 1983 schnürte dort auch der frühere deutsche Nationaltorwart Andreas Köpke die Fußballschuhe, damals noch als Rechtsaußen. Köpke wurde 1962 in Kiel geboren. Größte Erfolge von Holstein Kiel sind bisher der Gewinn der Deutschen Meisterschaft 1912 und des DFB-Pokals 2003. „Für uns zählt immer das Miteinander", betont der Futterstorch und denkt dabei auch an seinen Platz im Bereich K3: Da sitzen die gehörlosen und hörbehinderten Fans des Gegnerteams ebenfalls, zudem sind dort Plätze für Familien mit Kindern und die Sitze von Störche-Anhängern, die dem Verein schon seit Jahrzehnten die Treue halten.

◉ **Holsteinstadion, Westring 501, 24106 Kiel, Ticket-Tel. (0 18 06) 57 00 29**
www.holstein-kiel.de
◉ **ÖPNV: Bus 91, Haltestelle Am Stadion; Bus 11, 501, 502, 900, 901, Haltestelle Hanssenstraße**

Und Pac-Man gibt es auch

 35 *Das Computermuseum auf der Kulturinsel*

Freund Commodore hat schon etwas länger Feierabend. Auf Ebene 4 steht er nun, und gelegentlich schaut Markus Schack vorbei. Erst 13 Jahre war Schack alt, als er in den Ferien den PET 2001 mit Stahlgehäuse ausleihen und mit nach Hause nehmen durfte. „Fast 25 Jahre war der Commodore im Einsatz", sagt Schack, heute Diplom-Informatiker. Das Gerät, Baujahr 1977 oder 1978, ist eines von etwa 360 Ausstellungsstücken im Computermuseum der Kieler Fachhochschule (FH). Auf rund 800 Quadratmetern ist zu erleben, wie die Maschinen das Denken gelernt haben. „Und Pac-Man spielen geht auch", betont Schack, der als Technischer Leiter im benachbarten Mediendom tätig ist. Das Museum gilt als das zweitgrößte seiner Art weltweit. Viele der dort untergebrachten Rechenmaschinen und Computer stehen unter Denkmalschutz, darunter die „Z22": Dem Bauunternehmer und Erfinder Konrad Ernst Otto Zuse (1910–1995) glückte bereits 1941 mit der „Z3" die Entwicklung des ersten vollautomatisch arbeitenden und programmierbaren Rechners. „1990 hat die FH die Sammlung erhalten", erinnert sich Schack an den Beginn des Museums. So hatte der Verein „Schleswig-holsteinisches Museum für Rechen- und Schreibtechnik" 1981 das Ziel formuliert, solche Geräte vor der Verschrottung zu bewahren, und einen ersten Schauraum eingerichtet. Allerdings sollte ein richtiges Museum erst 31 Jahre später eröffnet werden: Es zog in einen 1941 erbauten Bunker ein, der heute zum FH-Gelände gehört. Rund drei Millionen Euro hat die Umgestaltung der früheren Schutzräume gekostet. In einem 3D-Kino beginnt jeder Rundgang. Danach geht es mitten hinein in die Geschichte der elektronischen Gehirne, die einst ganze Räume füllten und ein Gewicht von 1,6 Tonnen erreichten. „So wie der Cyber 76 aus den 1970er-Jahren", sagt Fachmann Schack. Der geliehene Personal Computer von damals ist dagegen ein Fliegengewicht. Mit einer Datasette verfügte er indes über ein Speichermedium, das damals Höhepunkt einer Entwicklung war, die wohl niemals zu Ende geht.

TIPP Auf dem Gelände stehen Denkbänke, die QR-Codes für das Smartphone tragen.

▶ Computermuseum, Kulturinsel Dietrichsdorf, Eichenbergskamp 8, 24149 Kiel,
Tel. (04 31) 2 10–1741, www.computermuseum-kiel.de, Sa./So.
▶ ÖPNV: Bus 11, Haltestelle Fachhochschule

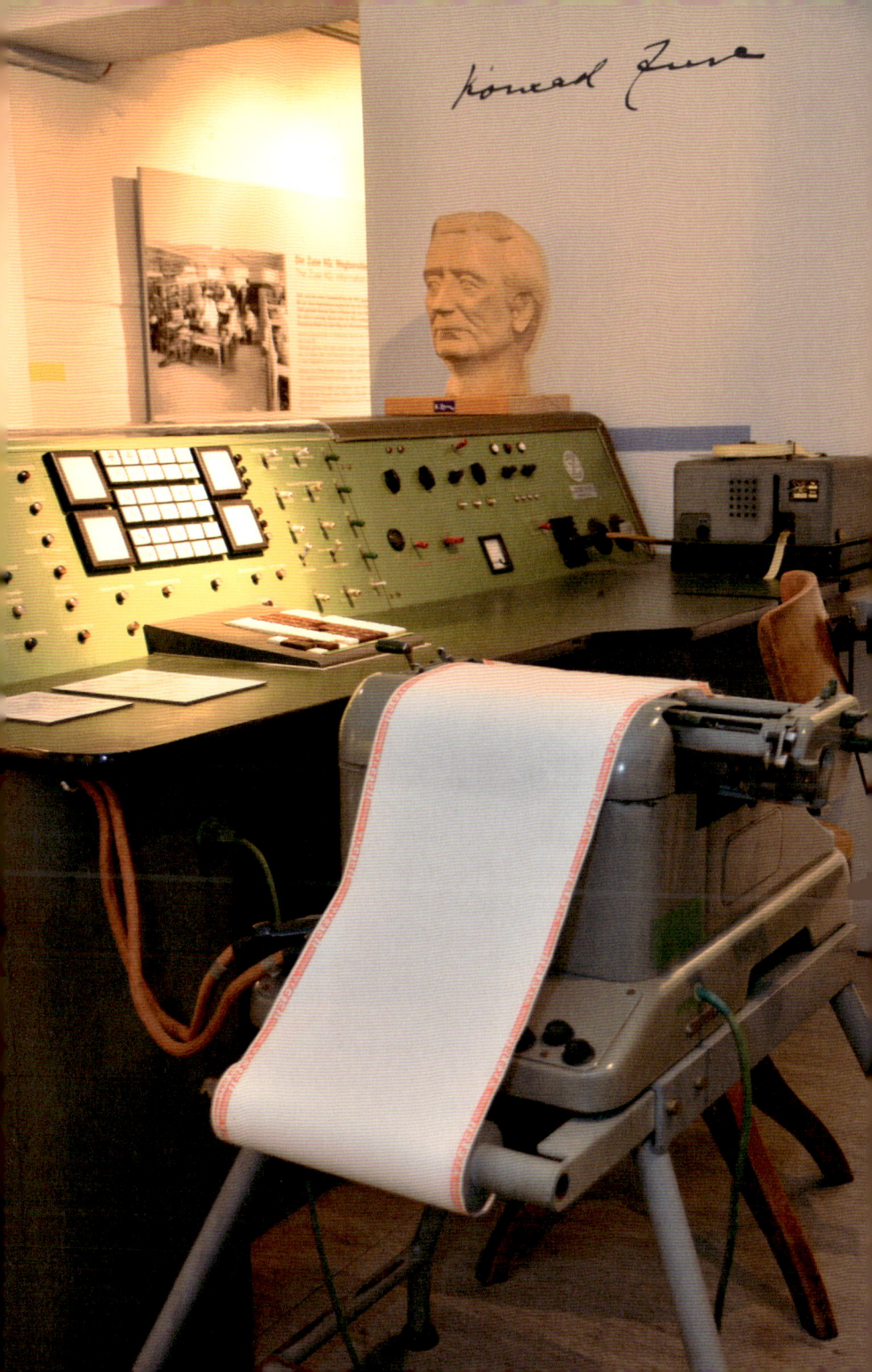

Bier aus der Festung

 36 *Ehepaar Czerny und die Küstenbrauerei*

Tief im Innern der Festung von Friedrichsort hat Jan Czerny alle Hände voll zu tun. Das Festival am Bootshafen ist vorbei, die Fässer sind leer. Wieder mal. Jetzt muss der promovierte Meeresbiologe nachlegen und neues Bier ansetzen. Vor allem das „Fraibock" aus Czernys „Experimental-Sud-Reihe" hat den Festivalgästen geschmeckt: Naturtrüb ist es, die traditionellen Zutaten Hopfen und Gerste treffen auf Orangenzeste und Ingwer. Der Bierliebhaber schätzt solche Gaumenkitzel, seitdem er im Dezember 2016 seine Küstenbrauerei eingerichtet hat, übrigens in den früheren Räumen einer Bundeswehrküche. „Wir hatten keine Lust mehr auf befristete Arbeitsverträge und Forschungsaufträge irgendwo auf der Welt", verraten Jan Czerny und seine Ehefrau Jasmin, beide Jahrgang 1981, warum sie ausgestiegen und in die Branche der Craftbeer-Brauer eingestiegen sind. Neben den Braukesseln steht heute eine Destille, denn auch Whisky und einen Bierbrand stellen die beiden, die es aus Königstein und Würzburg an die Küste verschlagen hat, her. „Gebraut habe ich immer schon, meistens zu Hause im Keller", erinnert sich Jan Czerny. „Und ich hatte Glück, dass mein Bier meistens allen geschmeckt hat." Das habe ihm Lust gemacht auf die Selbstständigkeit.

TIPP Hoch hinaus geht es im nahen Hochseilgarten High Spirits, Falckensteiner Strand 15.

Fest im Sortiment des Paares sind die „5½ Knoten"-Biere Pils, Porter, Märzen und Pale Ale, hinzu kommen die eher experimentellen Sorten. „Künftig gibt es auch ein Hefeweizen", kündigt Jasmin Czerny an. Alle Biere sind übrigens bio durch und durch, verarbeitet werden, wenn immer es geht, regionale Zutaten. „Unsere Gerste kommt etwa aus Schwedeneck." Zweimal in der Woche rühren die Brauer neuen Sud an, aus dem rund 1400 Liter Bier hergestellt werden. Immer öfter erhalten Bierfreunde das Gebraute aus der Festung an Zapfhähnen, zum Beispiel nebenan in der Deichperle, einem Imbiss mit Fördeblick. Zudem gibt es Führungen durch die kleine Brauerei, natürlich mit der Gelegenheit, das Bier zu kosten. Ansonsten ist die Festung nur bei Rundgängen zu betreten.

○ **Czernys Küstenbrauerei und Whisky-Destille, Deichweg 20, Seefestung Friedrichsort, 24159 Kiel, Tel. (01 72) 6 14 58 92, www.czernys-kuestenbrauerei.de**
○ **ÖPNV: Bus 91, 921, 922, Haltestelle Friedrichsort/Falckensteiner Straße**

Keine Angst vor Stephen King

37 *Die Niederdeutsche Bühne*

„Kalenner Deerns", „Keenohrhaas", „Fro Müller mutt weg" und „Männerhort – Een Platz för Keerls" – allesamt Stücke, die das Ensemble der Niederdeutschen Bühne schon gespielt hat. Auf Platt, versteht sich. „Wir freuen uns, dass die Mundart heute wieder mehr Zuspruch findet", sagt Bühnenchef Ulli Thode und denkt dabei nicht nur an rund 15.000 Zuschauer, die jährlich den Weg in das schmucke Theaterhaus am Wilhelmplatz finden. Er blickt auf die fast 160 Zuschauersitze, auf denen nicht selten Oma und Opa mit den Enkelkindern Platz nehmen. 1921 wurde das Theater gegründet, 1995 ist die Niederdeutsche Bühne in das frühere Klubhaus des Westens, einst ein Café, eingezogen. Heute sorgt ein Trägerverein mit mehr als 100 ehrenamtlich tätigen Mitgliedern für den Erhalt dieser Institution, während sich etwa 40 Darsteller um das Programm kümmern: Sieben Stücke „op Platt" und ein Weihnachtsmärchen auf Hochdeutsch stehen pro Saison auf dem Spielplan. „Das sind aber nicht nur Schenkelklopfer", warnt Thode, der abseits des Rampenlichts als Versicherungsmakler arbeitet, vor Vorurteilen. „Platt zu schnacken bedeutet nicht, platt zu denken."

TIPP Nach dem Theater lecker essen: Ganz in der Nähe ist das Bistro Chagall, Eckernförder Straße 34.

So hat sich sein Ensemble jüngst an die Schauspieladaptionen des schwedischen Romans „Der Hundertjährige, der aus dem Fenster stieg und verschwand" von Jonas Jonasson, übrigens eine Uraufführung, und an „Misery", eine Erzählung des amerikanischen Gruselmeisters Stephen King, gewagt. „Wir haben schon so vieles gemeistert", betont Thode und meint damit wohl auch die bewegte Vergangenheit dieser Schauspielstätte. Ihn mache es glücklich, wenn die Leute glücklich nach Hause gingen, sagt er. „Aber auch, dass sich so viele Freunde für die Niederdeutsche Bühne einsetzen, ist ein großes Glück." Denn die Arbeit mit dem Kieler Platt verstehe er durchaus als kulturellen Auftrag – frei nach dem Motto des Ensembles: „Günn Di wat – günn Di Platt!". Aber wie büffelt man eigentlich das notwendige Vokabular? „Nun", sagt Ulli Thode. „Jeder von uns lernt das beim Spielen."

● **Niederdeutsche Bühne, Theater am Wilhelmplatz, Wilhelmplatz 2, 24116 Kiel,**
Ticket-Tel. (04 31) 90 19 01, www.niederdeutschebuehne-kiel.de
● **ÖPNV: Bus 31, 34, 91, 100, 101, 640, 902, Haltestelle Wilhelmplatz**

Galerie der klugen Köpfe

 38 *Kiels Nobelpreisträger im Ratsdienergarten*

Kiel ist eine Stadt der Technik, der Forschung und der Wissenschaft. 1665 wurde die Christian-Albrechts-Universität gegründet, die heute der größte Arbeitgeber in der Fördestadt ist. Zu ihrem 350-jährigen Bestehen haben die Rotary-Clubs 2015 zunächst vier, später dann sechs bedeutenden Dozenten Denkmäler gesetzt: Wer aus der Altstadt kommt und in den Ratsdienergarten einbiegt, der steht diesen Nobelpreisträgern gegenüber. Der Bildhauer Jörg Plickat, 1954 geboren, hat Bronzebüsten auf 1,60 Meter hohen Granitsockeln geschaffen. Zu sehen sind der Chemiker Eduard Buchner (1860–1917), der Physiker Max Planck (1858–1947), der Mediziner Otto Fritz Meyerhof (1884–1951), der Chemiker Otto Diels (1876–1954), der Altertumswissenschaftler Theodor Mommsen (1817–1903) und der Chemiker Kurt Alder (1902–1958). „Diese Arbeit war eine spannende Auseinandersetzung mit der Geschichte und der Geschichte dieser Menschen", erklärt Plickat. Die Idee einer solchen Frischluftgalerie sei ihm gekommen, als er für die Brooksbrücke in der Hamburger Speicherstadt Brückenfiguren entworfen habe. „Bis es zur Umsetzung des Kieler Projekts kam, hat es dann aber sehr lange gedauert", erinnert sich der Bredenbeker Bildhauer, der an der Muthesius-Kunsthochschule in der Landeshauptstadt studiert hat, an die Amtszeiten von drei Oberbürgermeistern, die er während dieser Zeit erlebt habe.

TIPP *Das Kieler Schloss gegenüber wartet stets mit einem hochwertigen Kulturprogramm auf.*

Entstanden sind die Plastiken nach Fotografien. Vor allem die Beschäftigung mit Otto Fritz Meyerhof, 1922 für seine Arbeit über den Stoffwechsel im menschlichen Muskel ausgezeichnet, wirke nach, sagt Jörg Plickat: „Das Leben Meyerhofs, der aus Deutschland vor den Nazis floh, nach Paris ging und erneut fliehen musste, steht exemplarisch für das Schicksal der Juden", erklärt der Künstler, der die Galerie gern besucht, wenn er durch die Stadt schlendert. Ein weiterer Nobelpreisträger, dem ein Lehrauftrag an der Kieler Universität verwehrt blieb, genoss da wenigstens Freizeitglück: Albert Einstein war leidenschaftlicher Segler.

🔴 Ratsdienergarten, Altstadt, 24103 Kiel
🔴 ÖPNV: Bus 32, 60, 61, Haltestelle Schlossgarten

Die Ostsee im Essen

39 *Christopher Walters Salz-Manufaktur*

Plötzlich wollte Christopher Walter das Salz aus dem Supermarktregal nicht mehr schmecken. Und warum mit Atlantiksalz würzen, wenn vor der Haustür doch die Ostsee schwappt? Das fragte sich der Familienvater, als er eines Tages für Frau und Kinder am Herd stand. „Salzkochen ist zum Glück kein Hexenwerk", sagt der Kieler, der heute Ostseewasser zum Sieden bringt und seit April 2014 in einer eigenen Manufaktur Salz herstellt. 70 Liter Wasser ergeben ein Kilogramm Salz. Wer erleben möchte, wie eine der ältesten Speisezutaten der Menschheit hergestellt wird, der darf den Unternehmer am Arbeitsplatz besuchen: Diesen hat sich Walter im Eckernförder Technologie- und Ökologie-Zentrum eingerichtet. Dort erhitzt er das Meerwasser auf zunächst 100 Grad Celsius: Je früher er die Hitze reduziert, umso grobkörniger wird das Salz. Und je länger es bei großer Hitze vor sich hinblubbert, umso feiner werden die strahlend weißen Körner. Die Temperatur steigt übrigens, je mehr Salz Walter hinzufügt. Zusatzstoffe gebe es keine, versichert der Hersteller. „Mein Salz ist frei von jeglichem Quatsch wie zum Beispiel Rieselhilfen."

TIPP Edle Genusswaren bietet auch Die Feinschmeckerei in Eckernförde, Frau-Clara-Straße 26, an.

Was natürlich nicht heißt, dass Christopher Walter allein mit reinem Salz handelt: So kocht er etwa das frische Lauch der Winterheckenzwiebel mit dem Ostseesalz, danach wird es getrocknet und dem Salz beigemischt – fertig ist das Gewürzsalz. Am liebsten griffen seine Kunden gerade zum Algensalz, verrät Walter. „Das ist sehr gesund und hat einen besonderen Geschmack." Die Meerespflanzen erhält er von der Kieler Meeresfarm, die seit einigen Jahren am Tiessenkai in Holtenau zu finden ist. Wer es weniger maritim mag, der kann Kräutersalz in die Speisen streuen: Dafür gibt Christopher Walter 20 Gramm frische Kräuter auf 80 Gramm Meersalz in eine Mühle. „Alles ist Handarbeit", betont er und versichert, kein Hobbykoch habe nach dem ersten Essen mit Seesalz jemals wieder gewöhnliches Supermarktsalz verwendet: „Mein Salz schmeckt eben wie ein frischer Schluck Ostsee."

○ Ostseesalz-Manufaktur, Technik- und Ökologiezentrum, Marienthaler Straße 17, 24340 Eckernförde, nur nach Anmeldung unter Tel. (01 62) 7 49 70 64, www.ostseesalzmanufaktur.de
○ Ab Kiel RE 72 oder RB 73, in Eckernförde Bus 4, Haltestelle Marienthaler Straße/TÖZ

Über Wellen laufen

 Die Seebrücke am Schönberger Strand

Tag für Tag steht er da, stemmt sich dem Wind entgegen und versucht, den Schirm zu bändigen. Der „Mann im Sturm" ist das Wahrzeichen der Gemeinde Schönberg (Kreis Plön), am Schönberger Strand hat die 3,50 Meter hohe Skulptur aus Cortenstahl 2008 ihren Platz gefunden. Seither ist sie das wohl meistfotografierte Motiv im Ort, auch liefern Fernsehsender gern Wetterberichte von dort. Der Kunstschmied und Bauschlosser Heiko Voss, 1961 geboren, hat den „Mann im Sturm" erschaffen: „Es ist großartig, dass er so vielen Menschen Freude macht", findet der Schönberger. Viel zu deuten gebe es an diesem Kunstwerk ja nicht, sagt er. „Die Formen sind klar, die Symbolik eindeutig." Wem einmal der Wind Schleswig-Holsteins um die Nase gepfiffen sei, der verstehe das Werk sofort.

Der Figur gleich gegenüber erstreckt sich die etwa 260 Meter lange Seebrücke, die 2001 für 1,25 Millionen Euro errichtet wurde. Ihre Vorgängerin, 1912 eingeweiht und schon im Ersten Weltkrieg aus Angst vor einer Invasion zerstört, hatte dagegen nur eine kurze Geschichte. Mehr als 20 solcher Anlagen hat der Diplom-Ingenieur Bernd Opfermann bisher entworfen, auch die Brücke am Schönberger Strand zählt dazu: „Diese aber war die erste, die wir barrierefrei gebaut haben", betont der Hamburger. 2017 wurde das einst komplett aus Lärche errichtete Bauwerk saniert, tropisches Bongossi- und Bilinga-Holz kamen zum Einsatz. Einmal im Jahr feiern die Schönberger darauf ihr Seebrückenfest. Und Liebesschlösser künden von romantischen Momenten und Glücksgefühlen. Warum aber macht es die Menschen glücklich, auf solchen Stegen zu laufen? Bernd Opfermann weiß es: „Weil es glücklich macht, das Meer auf einer Seebrücke zu erleben." Nach etwa 100 Metern fühle sich der Wind anders an, sei das Rauschen der Wellen ein anderes. „Und dreht man sich um, erfährt man auch die Küste aus einer ganz anderen Perspektive." In der Mitte misst die ansonsten drei Meter breite Seebrücke sechs Meter: Ein Balkon lädt zum ersten Innehalten über dem Wasser ein.

TIPP An einem Fensterplatz auf der Ostsee-Seite schmeckt es im Filou am Schönberger Strand am besten.

▶ Schönberger Strand, Promenade, 24217 Schönberg
www.schoenberg.de
▶ ÖPNV: Bus 200, 201, Haltestelle Schönberger Strand

Der Wal unter der Decke

 41 *Das Zoologische Museum*

Plötzlich streikt die Technik, und der Wal steckt fest im Oberlicht. Jetzt ist Kraft gefragt. Zentimeter um Zentimeter ziehen Kustos Dr. Dirk Brandis und seine Kollegen das 14 Meter lange und 1,5 Tonnen schwere Skelett eines Pottwalbullen an seinen Platz. Ein richtiger Knochenjob also. Und dort hängt das Schaustück immer noch: Es gehört zu den zwölf Skeletten, die der Walhalle im Zoologischen Museum nach der Sanierung im Frühjahr 2010 ihren Namen gegeben haben und die allesamt in Schleswig-Holstein gefunden wurden. 1980 ist jenes Tier in der Meldorfer Bucht gestrandet.

Heute ist Brandis Chef des Museums und eine Nische auf der obersten der Galerien mit Glasböden sein Lieblingsplatz im schmucken Museum, das unter der Ägide des Berliner Architekten Martin Gropius (1824–1880) errichtet wurde. Zoologisches Museum – klingt angestaubt, ist es aber nicht. Manchmal fließen dort sogar Mädchentränen. Nämlich dann, wenn Brandis bei seinen lebendigen Führungen erzählt, dass das letzte Einhorn tot und heute Teil der Sammlung ist: Glücklicherweise ist es der Stoßzahn eines Narwals, der in der Ausstellung „Auf den Zahn gefühlt" zu sehen und zu ertasten ist. Denn diese Schau hat das Museum vor allem für blinde Besucher eingerichtet. Schaurig schön ist dagegen die Tiefsee-Ausstellung, die unter blauem Licht das Leben in Tiefen bis zu 11.000 Metern dokumentiert. In einer gläsernen Röhre haust dort ein fast 23 Kilogramm schwerer und mehr als drei Meter großer Riesenkalmar.

TIPP Ebenso sehenswert ist nebenan die Medizin- und Pharmaziehistorische Sammlung, Brunswiker Straße 2.

In einer Höhe von drei Stockwerken baumelt der Pottwal über den Besucherköpfen in der lichtdurchfluteten Halle, die auch Schauplatz für Nachtkonzerte ist. Am Boden geblieben ist dagegen das sieben Meter lange Skelett eines jungen Blauwals: „Im Alter von nur zehn Monaten wog dieses Tier so viel wie 22 Elefanten", erklärt Brandis. Wächst ein solcher Wal, nehme er 100 Kilogramm pro Tag zu. Faszinierend sind des Fachmanns Geschichten aus der Evolution: Wer weiß schon, dass Kühe und Schweine Verwandte des Wals sind?

▶ Zoologisches Museum der Christian-Albrechts-Universität zu Kiel, Hegewischstraße 3, 24105 Kiel, Tel (04 31) 8 80 51 70, www.zoologisches-museum.uni-kiel.de
▶ ÖPNV: Bus 32, 33, 61, 62, Haltestelle Schlossgarten

Ablegen im Optimisten

 42 *Segeln lernen im Camp 24/7*

Wenn andere Kinder schwimmen lernen, sitzt Kiels Nachwuchs schon im Segelboot. So heißt es zumindest. Jedenfalls wird es schwer sein, in der Fördestadt ein Kind zu finden, das noch nie in einem solchen Boot gesessen hat. Optimist heißt die kleinste Jolle – und darauf lernen junge Menschen im Alter bis 15 Jahre die Handgriffe auf dem Wasser. Und solche Boote stehen reichlich an der Kiellinie, wenn dort die Stadt Kiel, Kiel-Marketing und die Stadtwerke gemeinsam das Camp 24/7 aufschlagen und jährlich von Mai bis September zu Segeltörns auf der Förde einladen, und das an sieben Tagen in der Woche. „Diese Kurse stehen jedem offen, der das Segeln erlernen möchte", betont Eva Zeiske, die Leiterin von Kiel-Marketing. Sie rät aber auch zu einer frühzeitigen Anmeldung, da vor allem die Lehrgänge in den Ferien schnell ausgebucht seien. Immer im März gingen die neuen Angebote ins Internet, sagt Zeiske. Drei oder fünf Tage dauert das Schnuppersegeln, das auch für Urlauberfamilien gedacht ist und jährlich etwa 4500 Teilnehmer hat. „Die Kinder sind ein paar Stunden auf dem Wasser, die Eltern haben Freizeit", wirbt Zeiske. „Und der Tag bietet danach immer noch genügend Zeit für gemeinsame Ausflüge." Mehr als 90 Sponsoren und Partner helfen dabei, dass die Teilnahmekosten günstig bleiben.

TIPP *Keine Lust auf Wasser? Im Camp 24/7 wird auch Beachvolleyball gespielt.*

Die Geschichte des Camps 24/7 beginnt im Jahr 2003, als die Landeshauptstadt – damals vergeblich – zum Bewerberkreis um die Ausrichtung der Olympischen Spiele 2012 gehört. „Nach der Absage fiel zügig die Entscheidung, dass die offene Segelschule bleiben soll", blickt Marketingfrau Zeiske zurück. Heute können im Camp auch gesegelte Stadtführungen, Fördeausfahrten und Kutterausflüge für Gruppen gebucht werden. Eines gibt es in den Kursen jedoch nicht: den Segelschein. Der muss andernorts erworben werden. Vorkenntnisse sind für die Schnupperstunden nicht vonnöten. „Ein Trainer ist immer an Bord", betont Eva Zeiske. Jedoch müssen Kinder und Jugendliche das Jugendschwimmabzeichen in Bronze vorweisen.

◯ **Camp 24/7, Kiellinie, 24103 Kiel, Tel. (04 31) 2 40 00 70**
www.camp24-7.de
◯ **ÖPNV: Bus 41, 51, Haltestelle Reventloubrücke**

Cocktails unterm Regenbogen

43 *Das Birdcage mit Kultstatus*

Michael Gärtner weiß, dass er einen echten Glücksort hütet. Denn an seinem Tresen haben sich Liebende und längst auch einige Ehepaare gefunden – der Torsten traf den Sven, der Frank den Stephan. Diese Namen sind erfunden, ihre Geschichten nicht: 2002 hat der 1956 geborene Bonner im Kieler Stadtzentrum das Birdcage eröffnet, seither schwebt über der nur 27 Quadratmeter großen Bar der Regenbogen. „Natürlich bleiben auch heterosexuelle Gäste nicht durstig", betont der Gastgeber. Berührungsängste sollten sie indes nicht haben. Als Gärtner die ersten Cocktails ausschenkte, gab es in der Landeshauptstadt noch viele Gaststätten für Schwule und Lesben. Heute ist das nicht mehr so. „Eigentlich fällt mir nur eine weitere Kneipe ein", überlegt der Inhaber. Es heißt aber auch, dass Barkeeper Henry im Birdcage den besten Mai-Tai und Mojito der Stadt serviert.

Mit mehr als 300 Getränken kann die urige Bar mit kunterbunten Papageien in einer Nische und einigen rosaroten Flamingos aufwarten, darunter sind Raritäten wie der Pastis einer kleinen Destille in der Provence und so mancher Gin, für den Michael Gärtner einen weiten Weg zurückgelegt hat. „Da ist zum Beispiel ein ganz wunderbarer Gin aus Barcelona, der hat eine herrliche Bergamotte-Note", schwärmt der Chef, der in einem früheren Leben mal in einem Büro gearbeitet hat. „Stammgäste dürfen sogar Wünsche äußern. Und dann besorgen wir das Getränk." Eine Weinkarte gibt es überdies, Probieren ist erlaubt. „Niemand soll sein Getränk mit spitzen Zähnen trinken", findet Gärtner.

TIPP Händchenhalten und gemeinsam in Liegestühlen träumen, das geht im nahen Hiroshimapark.

Dass das Birdcage nicht aus der Kneipenszene der Landeshauptstadt verschwunden ist und längst Kultstatus hat, führt Michael Gärtner überdies darauf zurück, dass dort niemand lange allein bleibt: „Hier kommt man immer ins Gespräch – auch, weil man sich zwischen dem Tresen und den 30 Plätzen kaum aus dem Weg gehen kann". Man müsse also kommunizieren – ohne Wischen, Klicken, Drücken, sondern ganz real. Und manchmal funke es für ein ganzes Leben. Geöffnet ist täglich ab 20 Uhr.

○ Birdcage, Rathausstraße 10, 24103 Kiel, Tel. (04 31) 6 96 73 73
www.birdcage-kiel.de
○ ÖPNV: Bus 50, 51, 70, 71, Haltestelle Dammstraße

Rocken unter der Kuppel

Der Mediendom der Fachhochschule

„We will, we will rock you!", braust es aus 58 Lautsprechern, während Freddie Mercury, Sänger der legendären Rockband Queen, über die Bühne tobt. Breit grinsend sitzt Markus Schack vor einem Bildschirm und an einem Technikpult, per Mausklick lässt er die Muskeln spielen. Das Planetarium heißt in Kiel heute Mediendom und es steht auf dem Gelände der Fachhochschule (FH). Schack ist Technischer Leiter der im September 2003 eröffneten Einrichtung, die mehr sein sollte als nur ein Multimedia-Hörsaal für Studenten und Teil des Zentrums für Kultur- und Wissenschaftskommunikation ist. Bei fast 1500 Veranstaltungen im Jahr nehmen rund 40.000 Schaulustige in den 64 Sesseln Platz, um sich bei einer Achterbahnfahrt auf dem Mars virtuell durchschütteln zu lassen, über Kiel und Schleswig-Holstein zu fliegen oder eben Queen in voller Dröhnung zu erleben: Sieben Subwoofer (Bassboxen) geben dem Konzertfilm den perfekten Sound. „Wir machen aber auch Kinderprogramm", betont Schack und denkt an Lars, den kleinen Eisbären. Die Figur von Autor Hans de Beer erlebt ihre Abenteuer ebenfalls auf der 360-Grad-Leinwand unter der Kuppel, die von außen nicht zu sehen ist. Auch Hörspiele werden dort aufgeführt, darunter die Fälle von Justus Jonas, Peter Shaw und Bob Andrews, der „Drei ???". Diese werden heute extra für solche Mediendome hergestellt.

TIPP Die FH besitzt mehr als 500 Kunstwerke. Auf dem Campus macht Ulrich Ellers Eisenblock Geräusche.

Aber auch eigene Produktionen entstehen an der FH. So lässt Markus Schack an der virtuellen Förde die Nacht anbrechen und in Kieler Häusern das Licht angehen. Und zu elektronischer Musik blitzen unzählige LED-Leuchten. „Im Studium solche Möglichkeiten zu haben, das ist doch einfach nur cool", schwärmt der Technische Leiter vom Studentenglück. Gern schießt Schack seine Gäste auch mit einem Raumschiff ins Universum oder er erklärt die Sternbilder. Denn das geht im Mediendom ebenfalls, und zwar klassisch wie einst im Planetarium. Und an manchen Abenden öffnet gleich gegenüber die Sternwarte der FH auf einer Höhe von fast 40 Metern: Dann gibt es den Himmel ganz real.

Mediendom der Fachhochschule Kiel, Kulturinsel Dietrichsdorf, Sokratesplatz 8, 24149 Kiel, Tel. (04 31) 2 10-17 41, www.mediendom.de
ÖPNV: Bus 11, Haltestelle Fachhochschule

Schildkröten beim Sonnenbad

 45 *Bootsfahrten auf der Schwentine*

Schildkröten, ausgerechnet Schildkröten. Bootsführer Hendrik Kühl zeigt nach links, deutet nach rechts. Denn er weiß, wo diese Tiere gern ein Sonnenbad nehmen. Zur natürlichen Fauna im Schwentinetal gehören sie indes nicht: Die Schildkröten wurden ausgesetzt. Gebänderte Prachtlibellen zischen über den Fluss, am Ufer ruft ein Kuckuck, und mit etwas Glück ist ein Eisvogel zu entdecken. Mit einer Länge von 62 Kilometern gehört die Schwentine zu den längsten Gewässern in Schleswig-Holstein. Und Kühl kennt sie wie seine Westentasche. 1998, als 16-Jähriger, stand er zum ersten Mal am Steuerrad von einem der Ausflugsboote, die seit fast fünf Jahrzehnten seiner Familie gehören.

„Meine Mutter", sagt der Kapitän nach dem Ablegen an der Holsatiamühle und winkt Christa Kühl zu, die auf einem Balkon steht. An Bord ist diesmal auch Konrad Wetzel. Für ihn ist die Bootsfahrt ein jährliches Muss: „Darauf mag ich nicht verzichten", sagt Wetzel, der seit mehr als 30 Jahren in der Nachbarschaft lebt. Im Kieler Stadtteil Wellingdorf legen die Boote ab: Da fließt die Schwentine in die Förde, unter der Brücke dort gibt es eine Rutsche für Kanus. In einer halben Stunde, am Ende einer Strecke von etwa sechs Kilometern, erreichen Kühls Boote den Anleger an der Oppendorfer Mühle. Diese Gaststätte liegt im Heegholz und ist mit dem Auto nicht zu erreichen. Das Boot verlassen muss aber niemand der Fahrgäste.

TIPP Eine Pause bei Kaffee und Kuchen lockt in die Oppendorfer Mühle, eine spätere Rückfahrt ist möglich.

1904 fuhren erstmals Fähren über den Fluss, dessen Name wohl slawisch ist und der „die Heilige" bedeutet. Damals brachten die Schiffe Arbeiter zu den Werften auf dem Ostufer Kiels. Heute bringt Hendrik Kühl von Mai bis September Ausflügler über das ruhige, höchstens 2,50 Meter tiefe Gewässer, das sich vor mehr als 10.000 Jahren in der jüngsten Eiszeit seinen Weg gesucht hat. Die Geschwindigkeit ist gemächlich, gern schaltet der Kapitän den Motor ab, damit seine Gäste dem Kuckuck lauschen können. Oder eben ein Foto schießen von den Schildkröten, die sich da auf Totholz tummeln.

Schwentinetalfahrt, An der Holsatiamühle, 24149 Kiel, Tel. (04 31) 72 24 28
www.schwentinetalfahrt.de
ÖPNV: Bus 1, 2, 9, 11, 72, 100, Haltestelle Wellingdorf

Eine Küste in Bewegung

 46 *Einsame Spaziergänge am Steilufer von Stohl*

In der Frühe ist die Luft kühl und klar, unverbraucht. Am Abend ist sie dagegen angenehm warm und ermuntert zum Sprung in die Ostsee. „Das liegt an den Felsen: Sie speichern die Sonnenwärme und geben sie ab, wenn es kühler wird", erklärt Matthias Valkema, Vorsitzender des Naturschutzbundes in Eckernförde. Als begeisterter Frühaufsteher gibt es für ihn indes nur eine Zeit, um die Steilküste von Stohl in der Gemeinde Schwedeneck (Kreis Rendsburg-Eckernförde) zu besuchen: „Eben in den frühen Stunden, wenn alles frisch ist", schwärmt der Natur- und Landschaftsführer. Knarzende Holzstufen führen hinunter an den Kieselstrand im Östlichen Hügelland, auf dem es sich in weiter Ferne ein turtelndes, offenbar glückliches Pärchen, so gut es auf den Steinen eben geht, gerade gemütlich gemacht hat. Auf Felsenbrocken wachen Steinfiguren über den Landstrich, der zu einem Strandspaziergang ebenso einlädt wie zu einer Küstenwanderung. Kieler kommen gern hierher, um den Kopf frei zu bekommen und die Gedanken schweifen zu lassen. Von einem Parkplatz schlängelt sich ein gut 800 Meter langer Weg zu jener Stiege.

TIPP Tapas am Meer gibt es im Strandhaus, Strandstraße 24, 24229 Dänisch-Nienhof.

Zwischen 15 und 30 Meter hoch sind die Wände aus Sand und Fels, die sich heute aber nicht mehr in einem rechten Winkel gen Himmel strecken: „Der Wind nagt an der Küste", erklärt der Fachmann. „Sie ist in Bewegung." Und was in Stohl abgetragen wird, türmt sich in Eckernförde wieder auf. Einen guten halben Meter Land verlieren Schleswig-Holsteins Steilküsten pro Jahr. „Hier kann man also die Dynamik der Natur erleben." Nicht mehr in Stohl heimisch sind laut Valkema die kleinen Uferschwalben, nachdem ein größerer Brocken abgestürzt ist und ihre Brutstätten zerstört hat. Aber es gebe viele der klassischen Küstenvögel zu sehen, betont der Naturschützer, Haubentaucher zum Beispiel und Eiderenten. Und wer sucht, der kann auch Fossilien finden – Zeugen der letzten Eiszeit, die vor zwei Millionen Jahren einsetzte und erst vor 15.000 Jahren zu Ende ging. Eine Tafel erklärt die Herkunft der Steine.

● Steilküste Stohl, 24229 Schwedeneck, Parkplatz an der Eckernförder Straße/Ecke Dorfstraße
www.schwedeneck.de
● ÖPNV: Bus 900, 902S, Haltestelle Schwedeneck Abzw. Marienfelde

Strampeln für Filme

47 *Das Fahrradkino läuft nur mit Körperkraft*

Wer gucken will, muss strampeln. Denn sonst läuft auf der Leinwand nichts. Vor der Projektionsfläche stehen Sessel, Stühle, Sofas, Hocker, Tische – und eben Fahrräder, die Waschmaschinenmotoren tragen. Seit 2014 lädt das Kieler Fahrradkinokombinat zu Filmvorführungen ein, die stramme Waden erst in Bewegung bringen: Ohne Körperkraft fließt kein Strom. „Und das Tempo sollte immer etwas schneller als gemütlich sein", sagt Nils Weiher. Und niemals dürfe die Leistung unter 350 Watt fallen, das schade der Technik. Weiher gehört zum Kombinat, das in der Alten Mu, den früheren Gebäuden der Muthesius-Kunsthochschule am Lorentzendamm, ein Quartier gefunden hat und dort in eine ehemalige Metallwerkstatt eingezogen ist. „Wir alle haben uns sofort in diesen Ort verliebt und sind glücklich hier."

Seit 2016 ist das Fahrradkino aber nicht mehr nur ein Lichtspielhaus der anderen Art: Unter den vielen Glitzerkugeln ist Platz für Partys, Konzerte, Theaterstücke und Kabarett. Und die Bar kennt keine Preise: „Jeder gibt, was er kann", erklärt Kombinatsmitglied Jan Hartung. Wie viele Mitglieder diese Gruppe hat, weiß keiner so genau, es seien wohl 16. Oder 17. Klar aber ist, warum sich das Kombinat gefunden hat und einst von drei Kielerinnen gegründet worden ist: „Die Motivation war seither immer, den CO_2-Ausstoß zu verringern und aufzuzeigen, wie viel Strom wir tagtäglich verbrauchen", schildert Silvio Waschina, ebenfalls Kombinatsmitglied. So packen er und seine Mitstreiter das Fahrradkino auch schon mal auf den Lastwagen, um es etwa bei Festivals aufzubauen und dort ebenfalls Filme abseits des üblichen Programms zu zeigen. Heute betreibt die Schar zudem ein elektrisches Orchester: Wer auf dem Schlagzeug trommeln oder auf einem Piano klimpern will, tritt also in die Pedale. Aber auch daddeln geht radelnd: Jüngst hat das Fahrradkinokombinat eine fast schon historische Spielekonsole an einen Waschmaschinenmotor angeschlossen. Ein anderes Rad macht derweil Licht und pustet Seifenblasen.

TIPP **Eine Kneipe der anderen Art ist in der Nachbarschaft das Phollkomplex, Brunswiker Straße 52.**

○ **Alte Mu, Lorentzendamm 8, 24103 Kiel**
www.fahrradkinokombinat.blogsport.eu und www.altemu.de
○ **ÖPNV: Bus 11, Haltestelle Lorentzendamm**

Schiffe gucken im Rudel

 48 *Das Bistro Kanal- und Fördeblick in der Wik*

17.15 Uhr, die Schleuse öffnet ihre Tore und spuckt 16 Schiffe aus. Zuerst strömen die kleinen Segelboote in die Kieler Förde, zuletzt folgt das Containerschiff „Wybelsum", das unter der Flagge Gibraltars verkehrt. Fast 162 Meter lang ist es und mit mehr als 17.000 Tonnen Ladung wäre die „Wybelsum" völlig ausgelastet. Mit feiner Rauchfahne verabschiedet sich der Frachter in die Ostsee. Dabei hat er viele Zuschauer: Auf der Nordmole des Kieler Scheerhafens, mit Blick auf die Schleuse zum Nord-Ostsee-Kanal und auf das Fördewasser, stehen Tische und Stühle dicht an dicht. Ploppend hüpfen die Stopfen aus den Bierflaschen, während in Gläsern auch schon mal Rotwein leuchtet. Kauzige und knorrige Kerle fachsimpeln über Fußball und quittieren die Ausfahrt der „Wybelsum" mit knappen Worten. Andere haben Fernglas und Fotoapparat mitgebracht, mancher dreht mit dem Handy einen Film. Frauen sind deutlich in der Unterzahl, vielleicht hoffen sie auf ein schickes Kreuzfahrtschiff und träumen sich von Kiel eher in die Karibik. So wird auf dem Gelände von Michael Kmoch eben jeder glücklich.

TIPP *Hin und wieder lädt Michael Kmoch auch zu Oldtimertreffen ein.* Neben seinem 50er-Jahre-Museum betreibt er am Kanalufer am Rand der Kieler Wik ein Café und Bistro, auch hat Kmoch einen Wintergarten gebaut, damit keiner beim Schiffegucken von oben nass wird. „Kanal- und Fördeblick" hat er seine Gaststätte eher lakonisch genannt, wenigstens heißt der benachbarte Stellplatz für Reisemobile „Bella Vista". Denn schön ist die Aussicht dort wirklich, so skurril dieser Ort auch ist: In seinem Rücken, im Scheerhafen, lagern Baustoffe, Sandberge ragen gen Himmel. Doch von polternden Kieslastern lässt sich hier keiner stören. Und das nächste große Schiff, das kommt ganz bestimmt. Schließlich ist der fast 100 Kilometer lange Nord-Ostsee-Kanal zwischen Kiel und Brunsbüttel (Kreis Dithmarschen) mit mehr als 40.000 Schiffen und Booten aller Art die meistbefahrene Wasserstraße der Welt. „Und ob der Kanal bei uns anfängt oder aufhört, das ist immer Ansichtssache", überlegt Gastgeber Kmoch.

Bistro Kanal- und Fördeblick, Mecklenburger Straße 58, 24106 Kiel, Tel. (04 31) 38 90 85 15
www.bella-vista-kiel.de
ÖPNV: Bus 6, 32, 92, Haltestelle Wik/Herthastraße

Muschel mit Namen Merkel

49 *Die Bonbonkocherei Hinrichs in Eckernförde*

Dass Frau Merkel ausgerechnet nach Zitrone schmeckt, ist keine politische Pointe. Denn als die Bundeskanzlerin auf einer Wahlkampftour im Sommer 2017 Eckernförde und auch der Bonbonkocherei von Hermann Hinrichs einen Besuch abstattet, stellt dieser gerade Zitronenmuscheln her. Und da muss eben auch Angela Merkel ran. Seither ist die saure Muschel „Frau Merkel" aus dem Sortiment nicht wegzudenken. Mitmachen ist bei Hinrichs allerdings selten erlaubt, Zuschauen immer. Bei maximal 155 Grad Celsius blubbern in der Bonbonküche Wasser, Zucker und Glukose in einem Riesenkessel über offenem Feuer, bis Hinrichs und sein Gehilfe Kay Rehder ihr Handwerk mit den oft uralten Bonbonformen beginnen. 60 Kilogramm frische Bonbons schaffen sie am Tag, pro Fuhre sind das etwa 1200 Stück. Den noch etwa 60 Grad heißen Bonbonteig werfen die Männer auf kaltes Metall, dann kommen natürliche Aromen und Fruchtsäure hinzu – Vanille und Pflaume gibt es diesmal. „Der Klassiker ist natürlich die Himbeere", verrät Hinrichs. Früher hat er in der Süßwarenindustrie Maschinen repariert, seit April 2006 aber stellt er selbst vor Zuschaueraugen Bonbons her. „Bonscher" heißen die im Norden.

TIPP Wer lieber Schokolade isst als Bonbons lutscht, der wird in Hinrichs Schokoladen nebenan fündig.

Sauer ist auch die Sprotte in den Landesfarben Schleswig-Holsteins, einen eher speziellen Genuss verspricht das Zwiebelbonbon. „Aber auch das muss sein, es ist sehr beliebt", erklärt der Fachmann, der ebenso weiß: Nur runde oder ovale, aber immer wohlgeformte Bonbons machen beim Lutschen glücklich. So verliert das Naschwerk im letzten Arbeitsgang seine scharfen Kanten. Hermann Hinrichs schüttelt die fertigen Pflaumen-Vanille-Bonscher in einem Sieb, den feinen Bonbonstaub wird er bei einer späteren Produktion verwenden: „Ein Bonbon muss dem Mund schmeicheln." Mehr als 150 Sorten hat der Eckernförder heute in seinen Regalen, darunter seltene Sorten wie Fenchel, Spanischer Salbei und Madagaskar-Himbeere, die scharfe Version des Lutschklassikers. Liebhaber dürfen diese in Tüten schaufeln – natürlich auch die saure „Frau Merkel".

🔵 Bonbonkocherei Hermann Hinrichs, Frau-Clara-Straße 22, 24340 Eckernförde,
Tel. (0 43 51) 88 99 86, www.bonbonkocherei.de
🔵 ÖPNV: Ab Kiel RE 72 oder RB 73, in Eckernförde Fußweg

Kiels eigener Campanile

 Der Turm des Rathauses steht Gästen offen

Wer etwas mehr Gepäck mitbringt, muss gelegentlich den Bauch ein-ziehen. Denn der Platz ist knapp auf der Galerie des Kieler Rathausturms, der Rundweg schmal. Dafür gerät der Blick spektakulär: In alle Him-melsrichtungen ist die Fördestadt aus einer Höhe von 67 Metern zu sehen. Immer von Juli bis September, stets mittwochs und samstags sowie an den Tagen der Kieler Woche nimmt die Touristeninformation Gäste mit nach oben und legt ihnen die Landeshauptstadt zu Füßen. Weil aber nur 18 Schaulustige jeweils hochdürfen, sollte man die Tickets für die Rathausturmfahrt vorher lösen. Zu sehen ist nahezu die gesamte Förde. Der blaue Bügel des 110 Meter hohen Portalkrans auf dem Werft-gelände von German Naval Yards, ein Wahrzeichen seit 1975, grüßt vom Ostufer, Fähren und Kreuzfahrtschiffe rauchen ihrer Abfahrt entgegen. Insgesamt misst das eckige Wahrzeichen an der Fleethörn 106 Meter. Und gemeinsam bilden das Rathaus und das Opernhaus ein imposantes Ensemble.

Von 1907 bis 1911 wurde das Verwaltungsgebäude errichtet. Die Ent-würfe stammen aus dem Büro des Karlsruher Jugendstil-

TIPP Aufpassen: Am Opern-haus lümmelt die feiste Bonne fée de Maison (die glück-liche Hausfee), eine Skulptur.

Architekten Hermann Billing (1867–1946). Und nicht nur wegen der Turmfahrten ist es heute ein beliebtes Ziel: Seit der Eröffnung im November 1911 pendelt ein Paternoster zwischen den fünf Stockwerken. Der Turm indes soll an einen italienischen Campanile erinnern, zum Beispiel an den in Venedig. Ein Glockenspiel gibt es zudem: Es schlägt zu jeder Viertelstunde, kom-poniert hat seine Melodie einst der königliche Musikdirektor Heinrich Johannsen (1864–1947). Und es war Kaiser Wilhelm II., der in der Er-öffnungsrede schwärmte und den damaligen Oberbürgermeister Dr. Paul Fuß (1844–1915) ehrte: „Ich beglückwünsche Sie zu dem neuen monumentalen Schmuck Ihrer Stadt." Danach brachte der Monarch ei-nen Toast aus: „Ich ergreife den Pokal und trinke den Saft der deutschen Rebe, gespendet von Bayerns treuer Hauptstadt, auf das Wohl der Stadt Kiel." Nun, bis Bayern reicht der Turmblick dann doch nicht.

○ **Rathaus, Fleethörn 9, 24103 Kiel, Tickets für die Turmfahrt gibt es in der Touristen-Info, Andreas-Gayk-Straße 31, 24103 Kiel, Tel. (04 31) 67 91 00, www.kiel-sailing-city.de**
○ **ÖPNV: Bus 11, 30S, 32, 41, 42, 60S, 61, 62, 81, 91, 92, 501, 502, 900, 901, Haltestelle Andreas-Gayk-Straße**

Einkauf mit viel Vertrauen

51 Der Bio-Hof Riecken in Großbarkau

Kindern wollen sie zeigen, dass Milch nicht aus der Tüte kommt, und den Erwachsenen, wie aufwendig es ist, gesunde, wertvolle Lebensmittel herzustellen. „Wir wollen die Wertschätzung wecken für die täglichen Mahlzeiten", erklärt Kherstin Riecken, warum sie und ihr Ehemann Bert nicht nur eine ökologisch wirtschaftende Landwirtschaft führen, sondern ihren Hof auch Schaulustigen öffnen (Anmeldung erbeten). „Rieckens Landmilch" ist nur eines der vielen Produkte, die in Großbarkau (Kreis Plön) hergestellt werden. Käse, Quark und Joghurt sind weitere. Die Landwirtschaft ist seit dem Jahr 1897 in der Hand der Familie Riecken, seit 1991 arbeitet die vierte Generation auf der heute fast 90 Hektar großen Anlage mit eigener Meierei. Zwischen 65 und 70 Kühe geben jeweils rund 8000 Liter Milch im Jahr, hinzu kommen neuerdings mehr als 30 Fleischrinder. 20 Beschäftigte hat das Ehepaar: „So wie es früher war, als die Bauernhöfe auf dem Land noch die größten Arbeitsstätten waren", erklärt Kherstin Riecken. Kinder dürfen auf dem weitläufigen Gelände auch Geburtstage feiern und Strohburgen bauen.

TIPP *Nur wenige Kilometer entfernt steht in der Schusterstadt Preetz das Adelige Kloster.*

Besuchern erzählen die Eigentümer ebenso gern von der arbeitsreichen, oft beschwerlichen Umstellung auf einen ökologischen Biobetrieb, auf dem das eigene Tierfutter wächst – Mais, Luzerne und Triticale (Getreide) etwa. Bis 2017 hat diese gedauert. „Auf Dünger verzichten wir", betont die Landwirtin, die es glücklich macht, wenn die Kunden Geschmack finden an dem, was die Regale im Hofladen bieten. Geöffnet ist dieser an sieben Tagen in der Woche, immer von acht bis acht. Eine Aufsicht gibt es nicht: Vertrauen ist angesagt. Stets schreiben die Kunden ihre Einkäufe in ein Buch und legen das Geld dafür in die Kasse. „Und fehlt mal ein Euro, so wird auch das notiert", schildert Kherstin Riecken und freut sich: „Am Ende landet das fehlende Geld immer in der Kasse." Ein Käse aus Rieckens Angebot heißt übrigens „Milde Käte": Der Name ist eine Liebeserklärung an Großmutter Käte Riecken (1906–1993).

◗ **Bio-Hof Riecken, Zum Eichhof 2, 24245 Großbarkau, Tel. (0 43 02) 96 87-0, www.rieckens-land-milch.de, Hofbesuche und Führungen nach Anmeldung, Kosten je nach Länge des Rundgangs**
◗ **ÖPNV: Bus 410, Haltestelle Klein Barkau/B 404; Bus 416, Haltestelle Klein Barkau/L 49**

Gelb macht glücklich

 Im späten Frühjahr blühen die Rapsfelder

Gelb macht glücklich, das ist eine Tatsache. Und spannt sich ein strahlend blauer Ostseehimmel über leuchtende Rapsfelder, ist das Motiv perfekt. „Nein, nicht ganz", schränkt Dr. Christoph Algermissen prompt ein. „Fehlen noch die weißen Segel am Horizont." Algermissen arbeitet für die Abteilung Pflanzenbau, Pflanzenschutz und Umwelt bei der Landwirtschaftskammer Schleswig-Holstein in Rendsburg und kennt sich aus mit Raps, auch wissenschaftlich. Ab der dritten Aprilwoche etwa und dann für etwas mehr als einen Monat blühen rund um Kiel die Rapsfelder, aber nicht immer an derselben Stelle. „Alle drei Jahre kehrt der Raps auf dasselbe Feld zurück", sagt Algermissen und nennt die von den Landwirten bevorzugte Fruchtfolge: Raps, Winterweizen, Gerste. „Der Raps hinterlässt nach dem Dreschen immer einen wunderbar lockeren Boden", schildert der Fachmann mit Blick auf die sogenannte Pfahlwurzel der Pflanze. „Der Boden ist dann genau richtig für Getreide." Während der Raps auch im Salat immer beliebter wird, sind vor allem Rapsöle in der Küche anzutreffen. Ansonsten fließt Raps oft in Fahrzeugtanks, als Bestandteil von Biodiesel. Für Christoph Algermissen ist die Pflanze aber nicht nur nützlich: Sie ist ein Bote des Frühlings: „Blüht der Raps, wissen wir an der Küste, dass der Frühling nicht mehr fern ist."

TIPP **Unter dem Siegel „Feinheimisch" bieten regionale Erzeuger heimische Produkte an, auch Rapsöl.**

Warum aber macht das Rapsgelb so glücklich? An der Bergischen Universität in Wuppertal beschäftigt sich Professor Dr. Axel Buether mit Farben und ihrer Wirkung. Er erklärt: „Auch das Sonnenlicht ist gelblich gefärbt, was sich vor blauem Himmel verstärkt." Es sei also die Energie des Lichts, das Glücksgefühle auslöse. „Tatsächlich passiert einiges über Augen und Haut im Körper, was wir spüren und was sich nachweisen lässt." Rapsfeldern misst der Wissenschaftler sogar Zauberkräfte zu: „Sie stellen durch ihre oft große Ausdehnung und die Leuchtkraft der Blüten die Lichtverhältnisse auf den Kopf: Das Licht kommt plötzlich auch von unten, was magische Momente auslösen kann."

Für das perfekte Ostseemotiv empfiehlt Dr. Christoph Algermissen das Gut Alt Bülk bei 24229 Strande

ÖPNV: Bus 900, Haltestelle Schwedeneck Abzw. Marienfelde, 20 Minuten Fußweg

Imposante Querungen

 An der Hochbrücke über den Nord-Ostsee-Kanal

Noch spannt sie sich mit ihren roten Stahlbögen über den Nord-Ostsee-Kanal. Doch die Tage der Alten Levensauer Hochbrücke sind gezählt – zum Glück, sagen die einen, während die anderen um dieses imposante Bauwerk trauern: 1894 fertiggestellt, ist diese Brücke die älteste, die über die Wasserstraße führt. Einer ihrer Planer war der Architekt Hermann Muthesius (1861–1927). Ihm verdankt die Kieler Kunsthochschule ihren Namen. Seine Brücke verbindet die Kieler Stadtteile Suchsdorf und Levensau. Die Anrainer indes klagen seit Jahrzehnten über den Lärm, der vor allem von den Zügen auf der Trasse in einer Höhe von 42 Metern ausgeht. Die Brücke ist mit ihrer Spannweite von mehr als 163 Metern Teil der Strecke zwischen Flensburg und der Landeshauptstadt. Bei einer Modernisierung im Jahr 1954 waren bereits die markanten Türme auf beiden Seiten der Levensauer Hochbrücke verschwunden, die heute aber an vielen Modellen zu sehen sind: Eine dieser Miniaturen steht etwa an der Aussichtsplattform in der Wik. Ein schnurgerader Spazierpfad und Fahrradweg säumt das Kanalufer bei Suchsdorf und offenbart einen spektakulären Blick auf die Brücke. Und wer dort innehält, der staunt, wie ruhig es darunter ist.

TIPP An der Nordseestraße befindet sich auch das Suchsdorfer Tiergehege.

Mit dem Verschwinden der Brücke rechnen die Experten bis zum Sommer 2024: Bis dahin soll, gleich daneben, ein rund 50 Millionen Euro teurer Neubau entstehen. Und weil der Kanal bisher keine Schiffsbegegnungen zulässt, soll er an dieser Stelle verbreitert werden. Diese Engstelle sei der eigentliche Grund für Abbruch und Neubau, teilt das Kieler Wasserstraßen- und Schifffahrtsamt mit. Dieses ist verantwortlich für die Planung. Die neue Brücke soll eine Spannweite von mehr als 182 Metern und eine maximale Länge von 240 Metern bekommen und ebenfalls eine Höhe von 42 Metern erreichen. Stehen bleiben soll indes eines der Widerlager ihrer Vorgängerin: In den Mauern haben inzwischen mehr als 5000 Fledermäuse verschiedener Arten ein Winterquartier gefunden, das aus Gründen des Tierschutzes erhalten werden muss.

○ Spazier- und Radweg am Nord-Ostsee-Kanal, bis Nordseestraße in 24107 Kiel-Suchsdorf, in Höhe der Einmündung zum Langeneßweg führt ein kleiner, asphaltierter Weg zum Kanalufer
www.wsa-kiel.wsv.de
○ ÖPNV: Bus 22, 42, 61, 81, Haltestelle Suchsdorf/Rungholtplatz

Kuchen im Gotteshaus

54 *Das Café in der Petruskirche*

Für die Menschen in der Kieler Wik gibt es seit August 2017 noch einige Gründe mehr, in die Kirche zu gehen. Apfelkuchen nach Omas Rezept, zum Beispiel. Oder den Kaffee. In den früheren Konfirmandensaal der Petruskirche ist nämlich das Café Dreimaster eingezogen, mit dem sich Ann-Kathrin Lück einen Traum erfüllt hat. „Ich hatte wieder mal den Film ‚Grüne Tomaten' gesehen und wollte danach unbedingt Gastronomie betreiben", verrät die Pächterin, die auch am Tresen geistlichen Beistand hat: Pastor Lars Reimann gibt gern den Barista. „Denn es macht mich glücklich, wenn ich mit meinen Händen Dinge herstellen kann, die andere Leute genießen", erklärt Reimann seine Freude an der Kaffeemaschine. Seit dem Frühjahr 2016 finden in der Petruskirche nebenan wieder Gottesdienste statt, nachdem die Evangelisch-Lutherische Apostel-Gemeinde den Sakralbau übernommen hat. Mehr als 40 Jahre waren dort allein Konzerte zu hören, Gottesdienste wurden dagegen selten gefeiert. „Entwidmet war die Kirche aber nie", sagt Reimann mit Blick auf das imposante Gebäude aus rotem Backstein, das in den Jahren von 1905 bis 1907 errichtet wurde.

TIPP Im historischen Anscharpark gegenüber erwarten Schaulustige Ateliers und Ausstellungsräume.

Auftraggeber der Karlsruher Architekten Robert Curjel (1859–1925) und Karl Moser (1860–1936) war Großadmiral Alfred von Tirpitz (1849–1930). Denn gedacht war die Kirche mit offenem Arkadengang und wuchtigem Glockenturm für die Angehörigen der kaiserlichen Marine, die in den nahen Kasernen untergebracht waren. Für Reimann ist der Bau einzigartig, nicht nur wegen der hölzernen Decke, die ihn an einen Rittersaal erinnert: „Die Kirche ist ein Ort der Stille, der mich näher zu Gott bringt", schildert der Geistliche. „Und ein Ort, an dem ich das Leiden Christi und auch die Versöhnung mit den Menschen spüren kann." In maritimes Weiß und Grau hat derweil Ann-Kathrin Lück ihr Café Dreimaster gekleidet, das sie und Pastor Reimann als Geschenk an die Stadt Kiel, als Ort der Begegnung verstanden wissen wollen. Solche Orte gebe es nicht viele in der Wik, finden sie.

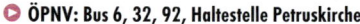

● Petruskirche/Café Dreimaster, Weimarer Straße 3, 24106 Kiel, Tel. (01 76) 72 15 38 41
www.petrus-kirche.eu und www.cafe-dreimaster.de, Fr.–So.
● ÖPNV: Bus 6, 32, 92, Haltestelle Petruskirche

Handarbeit am Holzstiel

55 *Kieler Jungunternehmer stellen Packeis her*

Buttermilch-Limette, Quark-Himbeer, Kaffee-Deichbohne oder ganz klassisch Vanille, Schokolade und neuerdings auch Zitrone: Alles, was Philipp Klang und seine Kollegen in ihrer Manufaktur an schmale Holzstiele packen, ist echte Handarbeit, jedes Eis ein Unikat. „Und die Zutaten kommen – soweit es eben möglich ist – aus regionaler Herstellung", betont Klang, einer der Geschäftsführer des Start-up-Unternehmens „Packeis". Im Juni 2017 haben die Eishersteller am Kieler Theodor-Heuss-Ring auf etwa 120 Quadratmetern ihre erste eigene Produktionsstätte eingerichtet, nachdem die Gründer, Claudio Ferraro und Viktor Simonovsky, auf nur sieben Quadratmetern Eissorten zusammengemischt und erste Rezepte aufgeschrieben hatten. „Das waren Erdbeere und Schokolade", blickt Klang zurück, der glücklich ist, dass die Nachfrage ständig wächst und heute schon so viele Eisfreunde in die insgesamt 13 Sorten am Stiel beißen. Denn ein „Packeis" ist wesentlich dicker und fester. Künstliche Zusatzstoffe kommen den Jungunternehmern nicht ins Eis. Die beiden Gründer waren zuvor übrigens Tischler von Beruf und hatten einfach Appetit auf anderes, auf handgefertigtes Eis.

TIPP In der Gemeinde Wisch macht das Laienensemble Wischer Theoterlüüd Besuchern gern die eine oder andere Szene.

Wählen dürfen die Genießer unter 13 großen „Packeis"-Sorten sowie unter vier lütten, den kleinen Stieleisportionen mit Vanille-, Erdbeer-, Schokolade- und Zitronen-Geschmack. „Vor allem Kinder haben sich immer wieder ein Zitroneneis von uns gewünscht", berichtet Klang. Und diesen Wunsch habe sein Team gern erfüllt. Milch, Sahne und gelegentlich Quark, das sind die Grundzutaten, die „Packeis" bei Landwirten in der Region einkauft. Hinzu kommt natürlich Zucker. „Der persönliche Kontakt, sowohl zu den Lieferanten als auch zu den Händlern, ist uns sehr wichtig", betont der Geschäftsführer. Aus hygienischen Gründen sind Besichtigungen der Produktion nicht möglich. Wer sein Eis aber am Strand schlecken möchte, dem empfiehlt Philipp Klang den Imbiss Ulfs Strandgut in Heidkate (An der Heide/Strandparkplatz, 24235 Wisch).

▶ Packeis, eine Liste mit allen Anbietern, den Packeis-Hökern, unter www.packeiskiel.de

Basilikum macht glücklich

56 *Heilsames bei Kräuter-Pflug*

Rita Katharina Ebbert weiß genau, was glücklich macht: „Basilikum!" Das Gewürz ist eine Zutat im „Glückstee", hinzu kommen Melisse, französisches Eisenkraut und blaue Malvenblüten. Mit Kräutern kennt sich die Heilpraktikerin Ebbert aus: Im Jahr 2000 hat die Kielerin am Knooper Weg im Stadtteil Damperhof das Fachgeschäft „Kräuter-Pflug" übernommen, nachdem sie früher dort gejobbt hat. In dem Laden sieht vieles noch heute so aus, wie es der Gründer und Drogist Emil J. W. Pflug 1919 eingerichtet hat. „Nur wenig ist verändert", sagt Ebbert. So lagern mehr als 400 Heilkräuter und Gewürze aus Deutschland und nahen Nachbarländern etwa in schwarzen, schweren Schubladen aus Holz mit Griffen aus Metall und Schildern aus Emaille. „Erdrauch" steht zum Beispiel darauf geschrieben, „Weidenblätter" oder „Eukalyptus". Verwendet werden die Kräuter zudem für Aufgüsse, Tinkturen oder Kosmetik. Weit mehr als 100 Teemischungen warten in kunterbunten Tüten auf den Regalen darauf, mit heißem Wasser aufgeschüttet zu werden. Den Glückstee gibt es dort, aber auch das „Kielwasser" (Malvenblüten, Na-

TIPP *Nach Wacholder, Pflaume, Koriander und anderen Botanicals schmeckt der Kieler Spitzmund-Gin.*

naminze, Lemongras und Kardamom), Tee aus der südamerikanischen Lapacho-Rinde, griechischen Bergtee und die „Förde-Sonne", eine Mischung aus Melisse, Apfelstücken, Lemongras, Zitronenverbene, Süßholz, Malven-, Orangen- und Rosenblüten sowie Sonnenblumenblüten.

„Weil ich gern koche, habe ich vermehrt Kräuter ins Sortiment aufgenommen", führt Inhaberin Ebbert aus und betont, dass es Aromastoffe in keiner ihrer Waren gebe. „Die meisten Zutaten wachsen übrigens vor der Haustür. Und jedes Kraut lässt sich zum Bauern, der es angebaut hat, zurückverfolgen." Im Sommer seien Zutaten für Eistees beliebt, während ab Herbst – also mit Beginn der Hustensaison – die Heilkräuter gefragt seien, schildert Rita Katharina Ebbert. Aber warum macht ausgerechnet Basilikum glücklich? „Dieses Gewürz aktiviert das körpereigene Kortison, sodass Glückshormone ausgeschüttet werden", erklärt die Fachfrau im weißen Kittel.

▶ Kräuter-Pflug, Knooper Weg 46, 24103 Kiel, Tel. (04 31) 55 44 76
www.kraeuter-pflug.de
▶ ÖPNV: Bus 50, 51, Haltestelle Kunsthochschule

Ein Geschenk aus England

57 *Raritäten im Alten Botanischen Garten*

1948 ist das Verhältnis zwischen Deutschland und dem Königreich Großbritannien stark getrübt. Trotzdem reist Dr. Hermann Jakobsen (1898–1978), Oberinspektor des Botanischen Gartens in Kiel, nach London und erhält dort nach einem Vortrag vor der Royal Horticultural Society, der königlichen Gartenbaugesellschaft, ein besonderes Geschenk von Prinzessin Elisabeth, der späteren Monarchin: In einem Blumentopf transportiert er Samen des Urweltmammutbaums nach Kiel und bringt diese aus. Erst sieben Jahre zuvor ist diese Baumart in China entdeckt und 1947 nach Europa gebracht worden. Jener Spross von damals ist heute 28 Meter hoch. Zu finden ist der Riese wenige Schritte hinter der Pforte zum Alten Botanischen Garten am Schwanenweg und linker Hand von der schmalen Holzbrücke.

1884 wurde die 2,5 Hektar große Anlage eingeweiht und 1985 von der Kieler Universität zugunsten eines neuen Gartens dieser Art aufgegeben. „Dozenten forderten damals ihre Studenten auf, den alten zu plündern", erinnert sich Edda Hinrichsen. Dass daraus kein Bauland geworden ist, das ist vor allem das Verdienst eines emsigen Fördervereins, dessen Vorsitzende Hinrichsen seit 1980 ist. Und seit 2011 ist Dirk Utzat der zuständige Gärtner. Einen schöneren Arbeitsplatz kann er sich kaum vorstellen: Den Wechsel der Jahreszeiten im Grünen zu erleben, mache ihn glücklich. War der Alte Botanische Garten früher ein Geheimtipp unter Liebhabern, so empfehlen ihn nun internationale Reiseführer zum Verschnaufen nach der Einkaufstour: Denn die Anlage mit fast 300, oft seltenen Gehölzarten und nahezu 500 Exemplaren liegt mitten in der Stadt. 21 Meter hoch ist etwa ein Chinesischer Surenbaum, der als der höchste bundesweit gilt. Auch einen Eisenholzbaum mit so starkem Stamm wird man lange suchen. Wer sich einen Überblick verschaffen möchte, sollte dem 1891 aus rotem Backstein errichteten, achteckigen Pavillon aufs Dach steigen und unter der Eisenkrone innehalten. Der Hügel darunter ist mit 28 Metern die höchste Stelle des Geländes.

TIPP Im Alten Botanischen Garten wartet auch das Literaturhaus mit abwechslungsreichem Programm auf.

▸ Alter Botanischer Garten, Zugang Schwanenweg, 24105 Kiel, Tel. (04 31) 56 82 86
www.alter-botanischer-garten-kiel.de
▸ ÖPNV: Bus 41, 42, Haltestelle Schwanenweg

Schuften für den „Bussard"

58 Der Seezeichendampfer im Museumshafen

Heiß, stickig und ziemlich eng ist es tief im Bauch des „Bussard". Seit zwei Tagen schon lodert im Kessel des Dampfschiffes das Feuer. Heizer Christian Siedler legt nach, Schaufel um Schaufel Kohlen verschwindet in den Flammen. Soll der 1906 gebaute Seezeichendampfer abfahren, so muss ihm drei Tage vorher eingeheizt werden. Bei etwa 180 Grad Celsius ist seine Betriebstemperatur erreicht. Diesmal geht es nach Hamburg, der Hafengeburtstag ist das Ziel. 17 Tonnen Kohle, 600 Kilogramm in einer Stunde, verschlingt die Reise, bis der „Bussard" wieder am Kieler Museumshafen festmacht. „Kein Pappenstiel", weiß Marco Josefus, Vorsitzender des Vereins, der seit September 2005 den alten Dampfer auf Touren hält. Bis 1979 war dieser unterwegs, um Seetonnen zur Wartung einzuholen und wieder auszubringen. Die Tonnen senden Signale aus und weisen Kapitänen den Weg übers Wasser. 1980 kam das Fahrzeug in den Besitz des Kieler Schifffahrtsmuseums. Heute sind es Ereignisse wie der Hafengeburtstag, die Kieler Woche und die Hanse Sail in Rostock, die das einst 224.000 Goldmark teure und 540 PS starke Schiff in Bewegung setzen. Und das ist mächtig viel Arbeit.

TIPP *Ihre eigene Geschichte erzählt auch die kleine, blaue Brausebude im Museumshafen.*

„Allein bis wir die Zulassung hatten, haben wir, zumeist an den Wochenenden, fast 50.000 Stunden geschuftet", erinnert sich der Ingenieur Josefus, der wie die meisten in der 20-köpfigen Besatzung auch im Beruf mit Seefahrzeugen zu tun hat. Kapitän Olaf Köppen etwa steuert sonst die wendigen Schiffe der Kieler Schlepp- und Fährgesellschaft. Vor der ersten Fahrt mit dem „Bussard" habe ihn das Schlottern gepackt, verrät Köppen, der die Handarbeit auf der Brücke längst zu schätzen gelernt hat. „Der Bussard ist eine gutmütige alte Ziege", beschreibt er das Seefahrerglück, das bei jeder Tour auch 100 Passagieren zuteilwird. Und ist der „Bussard" nicht auf See, so liegt er an der Förde vor Anker. Dort, in der ehemaligen Fischauktionshalle am Sartorikai, ist auch das Schifffahrtsmuseum zu finden. Der Museumshafen ist frei zugänglich.

○ **Kieler Schifffahrtsmuseum, Wall 65, 24103 Kiel, Tel. (04 31) 9 01 34 28**
www.kiel.de
○ **ÖPNV: Bus 11,81, 91, 501, 501, Haltestelle Schwedenkai/Ostseegarten**

Vive la Bretagne!

59 *Die Crêperie Blé Noir am Blücherplatz*

Im Sommer 2011 ist die Bretagne in Kiel angekommen – am Blücherplatz, um genau zu sein. Denn an jene Region Frankreichs hat Annette Köhler ihr Herz ebenso verloren wie an deren Köstlichkeiten: Von dort mitgebracht hat die Kielerin die Galette, eine Crêpe aus dunklem Buchweizenmehl. Kein Wunder also, dass die studierte Romanistin und Reise-Journalistin ihr Café und Bistro „Blé Noir", eben „schwarzer Buchweizen", genannt hat. Sie serviert die Galette übrigens eckig angerichtet.

Zu finden ist das urige Lokal in einem jener mächtigen Altbauten „am Blücher" (wie die Kieler sagen) und damit an einem jener belebten und beliebten Orte mitten in der Fördestadt, die sich kein Kiel-Gast entgehen lassen sollte. „Und langsam verstehen die Menschen, dass eine Crêpe mehr ist als ein flacher Pfannkuchen mit Nougatcreme auf dem Jahrmarkt", freut sich Annette Köhler, die in der Hafenstadt Saint-Malo den wahrscheinlich besten Crêpe-Bäckern der Welt auf die Finger geschaut hat. Ihr Blé Noir mit etwas mehr als 40 Plätzen drinnen und draußen gilt als die erste und einzige Crêperie in der Landeshauptstadt Schleswig-Holsteins.

TIPP Wochenmärkte mit reichem Angebot locken montags und donnerstags von 8 bis 13 Uhr auf den Blücherplatz.

Besonders beliebt ist die Galette „Le Seguin", eine Buchweizen-Crêpe mit Ziegenkäse, Weintrauben, Walnüssen, Zwiebelconfit und Käse. Eher ein Geheimtipp ist „La Gauloise": Diese Galette vereint hausgemachtes Hühnerfrikassee, Blattsalate und Käse. Schwarzer Buchweizen gilt übrigens als besonders bekömmlich, auch ist er glutenfrei. „Ich selbst bevorzuge die typisch bretonische Galette, la Complète", verrät die Gastgeberin. „Complète", das bedeutet Kochschinken, Spiegelei und natürlich Käse. Und stehe ihr der Sinn nach etwas Süßem, dürfe es „La Caramel" sein – eine Crêpe aus dem klassischen, hellen Teig mit Karamell und gesalzener Butter. „Crêpe und Galette machen glücklich, das steht fest", sagt Annette Köhler. Sie schwärmt zudem für Charles Aznavour und das französische Kino, immer wieder lädt sie zu Konzerten, Lesungen und anderen Abenden ins Blé Noir ein.

Blé Noir, Blücherplatz 15, 24105 Kiel, Tel. (04 31) 90 89 83 46
www.blenoir-kiel.de
ÖPNV: Bus 11, 501, 502, 900, 901, Haltestelle Hardenbergstraße

Gemalter Wohlstand

 Gut Panker und die örtliche Gutsgemeinschaft

Reichtum offenbart sich auch in der Zahl der Fenster. Wer im 18. Jahrhundert das Glück großen Wohlstands zur Schau stellen möchte, der gibt seinem Haus eine Fassade mit vielen Fenstern. Ist die Kasse aber klamm, werden die Fenster kurzerhand auf die Fassade gemalt. „Die Täuschung ist perfekt", schwärmt Daniela Schoel, wenn sie auf Gut Panker am Rand des italienischen Gartens und vor dem Herrenhaus steht und auf die Frontseite deutet. Seit 1994 führt Schoel das Blumengeschäft „Flora Magica" auf der knapp 800 Hektar großen Anlage in der Gemeinde Panker (Kreis Plön). Diese ist ein wahres Kleinod, dessen Geschichte wohl im Mittelalter beginnt und die heute im Besitz der Hessischen Hausstiftung ist. Denn 1739 ist Friedrich I. (1676–1751) nicht nur Landgraf von Hessen-Kassel, sondern auch König von Schweden. Verheiratet ist er mit Prinzessin Ulrika Eleonore (1688–1741), einer Frau, die – so heißt es – nicht gerade mit Schönheit gesegnet ist. „Friedrich war kreuzunglücklich", sagt Schoel, die seit 1998 Führungen anbietet. 1730 wirft der Landgraf und König nicht nur ein Auge auf die erst 17 Jahre alte Kammerzofe Hedwig Ulrike Taube von Odenkat (1714–1744), die den Spitznamen „La belle colombe" (die hübsche Taube) trägt: Die junge Frau schenkt Friedrich bis 1743 vier Kinder. 1739 kauft ihr Geliebter das Landgut, das zum Wohnsitz von Hedwig und ihren Kindern wird.

TIPP *Ins Gepäck gehören auch Badesachen, denn der Strand an der Hohwachter Bucht ist nah.*

„Als Mätresse ist sie vom Königshof zwar anerkannt, doch leben sollte sie möglichst weit weg", erklärt Daniela Schoel.

Heute leben etwa 80 Menschen auf dem malerischen Gut, das Geschäfte, ein Hotel, ein Restaurant, eine Trakehnerzucht und Landwirtschaft beherbergt. Das Gelände, auf dem sich zudem eine Kapelle (1890 errichtet) befindet, ist in weiten Teilen zugänglich – das bewohnte Herrenhaus indes nicht. Und die schönste Zeit für den Besuch? „Zur Rapsblüte im Frühsommer, wenn auch die Fohlen geboren werden, und im Herbst, wenn die Nebel aufziehen", antwortet Daniela Schoel sofort und korrigiert sich ebenso prompt: „Eigentlich immer, wenn der Himmel blau ist."

○ Gut Panker, 24321 Panker, Tel. (0 43 81) 70 71
www.gutpanker.de
○ ÖPNV: Ab Lütjenburg oder Schönberg Bus 260, Haltestelle Gut Panker

Glück im Beton

61 Die Hafenmeisterei im Olympia-Zentrum Schilksee

Alles Gute kommt von oben. Wer aber an der Förde unterwegs ist, muss damit rechnen, dass der Absender auch mal eine Möwe ist. In Kiels nördlichstem Stadtteil Schilksee ist das nicht anders. Abseits der Kieler Woche erscheint die kleine Betonstadt als Ausflugsziel wenig attraktiv. Und doch: Ist das frühere Olympia-Zentrum während dieser Zeit ein Ort der sportlichen Herausforderung, so lockt er nach diesem Trubel mit viel Ruhe und einem tollen Panorama. Wer dies erleben will, steigt dem Hafenmeister aufs Dach: Stufen führen hinauf zu einer Aussichtsplattform. Von dort schweift der Blick über den Hafen, die Boote und Yachten an mehr als 850 Liegeplätzen auf dem Wasser und mehr als 400 weiteren Plätzen an Land. Und natürlich über die Förde – Schilksee ist Kiels einziger Ort, der an die offene Ostsee stößt. Den Soundtrack zu solchen Ausblicken liefern die Rufe der Möwen und bei Wind das Schlagen der Leinen an die Masten.

Im ausgehenden 19. Jahrhundert war Schilksee als Badeort beliebt, dort war zudem ein Fischereihafen. Wer heute nach Schilksee fährt, blickt auch in die jüngere Geschichte: 1972 fanden in München die Olympischen Sommerspiele statt, die von dem Attentat auf die isrealischen Sportler überschattet wurden. Weit entfernt davon, nämlich in Schilksee, wurden damals die Regatta-Wettbewerbe ausgetragen. Geblieben ist das Olympia-Zentrum mit 400 Wohnungen und 32 Bungalows für Athleten, das ab Oktober 1969 in Beton gegossen wurde. In jenen Tagen waren diese Gebäude ihrer Zeit voraus. 1993 verewigte die Deutsche Bundespost die Anlage auf einer Sondermarke „Für den Sport". Noch heute ist dort ein Olympia-Stützpunkt beheimatet und seit 2011 eine Partnerschule des Leistungssports.

Bekanntlich brauchen Sportler immer ein Quäntchen Glück. Möwenschiss auf der Schulter, so heißt es, bringe es. In mancher Kneipe können Unsportliche Möwenschiss übrigens bestellen. Er wird flüssig serviert: als Korn mit Salami und Meerrettich. Glück kann so einfach sein.

TIPP Der „Möwenschiss" findet sich auch auf der Getränkekarte des Café-Restaurants el möwenschiss, Soling 36.

● Olympia-Zentrum Schilksee, Soling, 24159 Kiel
● ÖPNV: Bus 30S, 501, 502, Haltestelle Schilksee/Olympia-Zentrum

Kommt nicht in die Tüte

62 *Deutschlands allererster Unverpackt-Laden*

Mehr als 70 Plastiktüten, so geht aus Statistiken hervor, verbraucht jeder Deutsche im Jahr. Nach dem Willen der Europäischen Union soll dieser Pro-Kopf-Verbrauch bis 2025 auf weniger als 40 sinken. Was immer noch viel ist. Zudem lassen Verpackungen aller Art die Müllberge weiterwachsen. Dass dies nicht sein muss, weiß Marie Delaperrière: Im Februar 2014 hat sie in Kiel den allerersten Unverpackt-Laden bundesweit eröffnet. Die Idee stammt von der Umweltaktivistin Béa Johnson im kalifornischen Mill Valley. Aus Glasröhren rutschen in Kiel etwa Müsliflocken, Kunden fischen Kekse aus bauchigen Gläsern und schaufeln Trockenfrüchte von einer Waage in mitgebrachte Dosen. Seit dem Start ist Delaperrières Sortiment von etwa 250 Waren auf mehr als 800 Produkte gewachsen. „Am Anfang mussten wir viel erklären – etwa, dass Mehrweggefäße mitgebracht werden können", blickt die 1973 geborene Französin Delaperrière zurück. „Das ist heute nicht mehr so." Auf 120 Quadratmetern bietet sie nahezu alles an, was im Alltag zum Einsatz kommt – nicht nur in der Küche, auch im Haushalt insgesamt. Seifen und Reinigungsmittel gibt es ebenso unverpackt. Und fast alles ist bio. Frisches kommt aus der Region, die Jahreszeit bestimmt das Angebot.

TIPP Apropos Frankreich: Das Bistro Restez!, Sternstraße 18, ist nur wenige Gehminuten entfernt.

Doch steckt hinter Delaperrières Konzept mehr als nur der Wunsch, den Verpackungsabfall zu reduzieren: „Wir möchten, dass jeder seinen Verbrauch von Lebensmitteln überdenkt", erklärt die Gründerin, deren Geschäft heute Vorbild für mehr als 80 weitere Unternehmen dieser Art ist. Der bewusste Konsum zwischen Bedarf und Bedürfnis schone übrigens auch den Geldbeutel: „Denn am Ende bezahlt man nur für das, was man wirklich braucht." Und es mache sie glücklich, wenn ihre Kunden überzeugt seien, auch mit einem Einkauf Sinnvolles zu tun. Obwohl der Unverpackt-Laden brummt, möchte Marie Delaperrière keine Kette gründen: „Ich werde immer nur das eine Geschäft haben", betont sie. „Aber in Seminaren erkläre ich anderen Gründern, wie man einen solchen Laden führt."

● Unverpackt, Adelheidstraße 28, 24103 Kiel, Tel. (04 31) 64 08 02 48
www.unverpackt-kiel.de
● ÖPNV: Bus 91, Haltestelle Adelheidstraße

Wandeln auf dem Apfelpfad

 63 *Natur erleben in Kiels alter Stadtgärtnerei*

Nicht jeder genießt das Glück eines eigenen Gartens. Im Stadtteil Hasseldieksdamm aber finden nicht nur Kieler eine grüne Oase. „Städter und Ausflügler, Kleine und Große, Menschen mit Behinderung und ohne", beschreibt Bernd Fries die Zielgruppe. Fries gehört zum Vorstand des Trägervereins, der 2005 das Gelände der früheren Stadtgärtnerei und einstigen Hofstelle übernommen hat und es seither das ganze Jahr über bewirtschaftet. „Wir freuen uns also jederzeit über Besuch." 1994 bereits wurde darauf ein Naturerlebnisraum eingerichtet, nachdem das Grundstück fast 20 Jahre brachgelegen hatte, da Ende der 1970er-Jahre die Fördestadt ihre Gärtnerei aufgab. „Unsere Projekte orientieren sich immer an den Zielgruppen", erklärt Fries mit Blick auf das Projekt „Garten Inklusive": Das Grünland an der zwischen den Jahren 1850 und 1875 errichteten Tenne, einem sogenannten Fachhallenhaus, ist barrierefrei gehalten. Besonders spannend sei es, sagt Fries, wenn Menschen mit Demenz zu Besuch kämen: „Die Patienten erinnern sich plötzlich an den eigenen Garten und ein Riesenwissen kommt zutage."

TIPP Mehr Natur gibt es im Wildgehege Hasseldieksdamm, Melsdorfer Straße.

Zuletzt ist auf dem rund acht Hektar großen Gelände ein Apfelpfad entstanden mit mehr als 100 Apfelbäumen verschiedener Sorten, die bisweilen Jahrhunderte alt sind. Dieses Lernzentrum gilt als das erste seiner Art in Schleswig-Holstein, etwa 60 weitere folgten. Natürlich gibt es viele Angebote für Kinder, die dort erfahren, wo der Käfer schläft, wie die Biene wohnt oder wie man ein Brot im Lehmofen backt. „Uns geht es vor allem darum, die Natur der Region wieder vertraut zu machen", erklärt Fries. Einen Weidendom, einen Aussichtshügel, einen Bauern- und einen Sinnesgarten gibt es überdies – sowie verschiedene Feste, die dazu einladen, den Naturerlebnisraum in den vier Jahreszeiten zu entdecken. Wälder und Weiden gehören ebenso dazu. Und Rinder alter Rassen grasen dort. Die Alte Stadtgärtnerei selbst ist Teil des Grüngürtels, der sich um das Kieler Stadtzentrum spannt.

○ Naturerlebnisraum Kollhorst, Alte Stadtgärtnerei, Kollhorster Weg 1, 24109 Kiel, Tel. (04 31) 2 37 29 38, www.nez-kollhorst.de
○ ÖPNV: Bus 34, 100, 101, 640, Haltestelle Königstein

Kreuzfahrt im Nahverkehr

 64 *Die Schiffe der Fähr- und Schleppgesellschaft*

Studenten fahren mit den kleinen Schiffen zur Arbeit, mit Butterbrotdosen ausgerüstete Rentner kloppen an Bord eine Runde Skat, Touristen genießen die Fördefahrt: Wer an Bord der Kieler Fähr- und Schleppgesellschaft (SFK) geht, der kann zum kleinen Preis ein bisschen Kreuzfahrerglück erleben. Und das mitten in der Stadt. Seit 1887 gibt es die Fährschiffe, die auf zwei, insgesamt fast 23 Kilometer langen Routen unterwegs sind – auf der Fördelinie (F1) und auf der Schwentinelinie (F2). „Die F1 ist meine persönliche Lieblingslinie", verrät SFK-Betriebsleiter Ansgar Stalder mit Blick auf die Länge einer solchen Tour: Die Fähre legt in Höhe des Kieler Hauptbahnhofs ab und verkehrt dann die Förde hinauf bis zu den Ostseebädern Strande und Laboe. Die F2 pendelt dagegen zum Ostufer Kiels und kommt dort in der Nähe der Fachhochschule an.

Mehr als eine Million Menschen, so schätzt die Geschäftsführung der 1996 gegründeten SFK, nutzen die fünf Schiffe jährlich, um sich auf dem Wasserweg, aber im Netz des öffentlichen Nahverkehrs, durch die Landeshauptstadt und deren Nachbarschaft zu bewegen.

TIPP *Lust auf Kino? Am Hauptbahnhof ist auch das Cinemaxx-Lichtspielhaus.*

Und für Ausflügler bietet die SFK von Mai bis Oktober zudem Hafenrundfahrten, den „Fördetörn", an: Es geht vorbei an den Werften und den Urlaubspötten, die in Kiel vor Anker gehen. Wer ins Liebesglück steuern möchte, der geht beim „Förde-Flirt", einer Sonderfahrt, an Bord. Touren abseits des Fahrplans gibt es auch an den Tagen der Kieler Woche, zum Beispiel zur Windjammerparade und zum Abschlussfeuerwerk.

300 Passagiere finden Platz auf den Fähren der Linie 1, die allesamt in den 1980er-Jahren vom Stapel liefen und bald ausgemustert werden sollen. Neueren Baujahrs, nämlich von 2007, ist das liebevoll „Bügeleisen" genannte Schiff auf der Linie 2, das 200 Fahrgäste mitnehmen kann. Die MS Schwentine wurde in Hamburg gebaut und pendelt unter dem Titel „Sterne und Kuchen" seit dem Frühjahr 2018 zum Mediendom auf der Kulturinsel Dietrichsdorf (Eintrittskarten an Bord).

⬤ Schlepp- und Fährgesellschaft Kiel, Ticketverkauf Bahnhofsbrücke, Kaistraße 51, 24114 Kiel
⬤ ÖPNV: Jeder Bus, der am Hauptbahnhof hält

Warmmacher mit Geschichte

65 Im Kieler Ofenmuseum

Justitias Augen sind verbunden, fest hält sie Waage und Richtschwert in den Händen, während sie auf dem Thron Salomons sitzt. Dieses Stück gehört zu den Lieblingswerken, die Hans-Günter Fahrenkrug gesammelt und 2008 unter dem Dach eines Museums im Kieler Stadtteil Dietrichsdorf zusammengetragen hat. Doch widmet sich der Kieler weder Briefmarken noch Münzen: Der gelernte Ofen- und Kaminbauer sammelt Öfen. Meterhoch und stattlich sind sie. Denn: Je größer die Oberfläche, desto wärmer wird es in der guten Stube. „Diese Öfen könnte ich jederzeit ab- und wieder aufbauen", sagt Fahrenkrug, dessen Sohn den Familienbetrieb in dritter Generation leitet, über die Qualität und die Bauweise dieser Warmmacher aus insgesamt drei Jahrhunderten. Ältestes Stück im Museum ist ein Gussofen von 1742, aus der Zeit also, als das heutige Bundesland ein Teil Dänemarks war.

Das Bild der Justitia ziert indes eine der vielen, überaus kunstvoll gestalteten Kaminkacheln. Der frühere Obermeister der Ofenbauerinnung Holstein datiert diese auf die Zeit um 1850. „In den 1970er-Jahren haben wir solche Öfen im Akkord aus Kieler Wohnungen geschleppt", erinnert sich Fahrenkrug an arbeitsreiche Tage, die ihn in den Besitz einiger besonderer Stücke gebracht haben. Diese hat er liebevoll in einem früheren Tante-Emma-Laden aufgebaut, davor erstreckt sich eine lange Tafel. Es mache ihn glücklich, diese Werke vor dem Schuttplatz bewahrt zu haben, sagt der Sammler und bedauert: „Schließlich stirbt das Handwerk aus." Fahrenkrug nennt Zahlen: Von einstmals rund 2000 solcher Betriebe existierten noch etwa 50 in ganz Schleswig-Holstein.

TIPP Schwere Maschinen sind im benachbarten Industriemuseum Howaldtsche Metallgießerei, Grenzstraße 1, zu sehen.

Die Burg Eltz in der Moselgemeinde Wierschem ziert einen Kessel aus Gusseisen, der um 1920 hergestellt worden ist. Denn nicht nur Öfen zeigt Hans-Günter Fahrenkrug, sondern auch Werkzeug, Urkunden und historischen Hausrat. Dann deutet der Fachmann auf einen runden Ofen. Der sei selten. Denn darauf eingeprägt ist der Preis: 49,90 Reichsmark hat er einst gekostet. Besuche des Museums sind nach Absprache möglich.

⊙ Kieler Ofenmuseum, Eichenbergskamp 14–16, 24149 Kiel, Tel. (04 31) 20 40 60
www.ofenmuseum-kiel.de
⊙ ÖPNV: Bus 11, Haltestelle Fachhochschule

Glück in der Tasse

 66 *Die Rösterei Paul Heyck*

Matthias Mickelat kann seinen Arbeitsplatz gut riechen – im wahrsten Sinne des Wortes. Denn täglich röstet er Kaffeebohnen – immer in kleinen Mengen, stets acht bis zehn Minuten: „So wird die natürliche Säure entzogen." 1873 übernahm der Geschäftsmann Paul Heyck (gestorben 1897) ein Importgeschäft „von chinesischen und japanischen Kunst- und Industriesachen" nebst einer „Theehandlung", das 1895 an die Faulstraße im Kieler Stadtzentrum zog. Heute schätzt dort Mitinhaberin Stephanie Vagt das duftende Angebot auf mehr als 300 Tee- und etwa 50 Kaffeesorten. „Im Sommer mehr Kaffee, im Winter eher Tee", beschreibt sie die Wünsche der Kunden, häufig aus drei Generationen, von den Großeltern bis zu den Enkeln. „Gefragt sind beim Kaffee vor allem milde, säurearme Sorten sowie dunkle Röstungen, die auch für Vollautomaten geeignet sind", sagt Vagt und blickt auf die Regale in dem urigen Geschäft. Dort ist die Zeit in einem glücklichen Moment stehengeblieben: Vieles aus der Anfangszeit ist erhalten. Alles andere sei mindestens sechs Jahrzehnte alt, berichtet Vagt. Seit 1976 führt die Familie ihres Ehemanns Peter das Traditionshaus, dessen Wurzeln bis in das Jahr 1840 und zum Kaufmann Hermann Radbruch (gestorben 1867) zurückreichen. Somit gilt die Kaffeerösterei als die älteste in Schleswig-Holstein und auch als das größte Spezialgeschäft dieser Art.

TIPP Sind die Wurstverkäufer in der Fußgängerzone unterwegs? Der „Kieler Knacker" ist ein Genuss.

Stephanie Vagt freut sich, dass Kaffeetrinker immer öfter zu nachhaltig angebauten Sorten greifen und manchen Euro übrighaben für den Naturschutz, das sei ihr eine Herzenssache. Der „Orang Utan Coffee" etwa ist ein Sumatra-Arabica-Kaffee, aus dessen Erlösen Regenwald-Projekte und damit der Erhalt des Lebensraums von noch rund 6000 wild lebenden Sumatra-Orang-Utans finanziert werden. „Gleichzeitig können wir den Kunden so die Menschen und das Herkunftsland ihres Kaffees näherbringen", schildert Röster Mickelat, der auch gern Espresso ausschenkt: Vor dem Geschäft gibt es wenige Sitzplätze, die zum sofortigen Genuss einladen.

○ Paul Heyck – Kaffeerösterei und Tee-Spezialgeschäft, Faulstraße 2 a, 24103 Kiel, Tel. (04 31) 9 41 74, www.heyck.de
○ ÖPNV: Bus 11, 81, 91, 501, 502, Haltestelle Schwedenkai

Romantische Aussicht

67 *Innehalten am Hirschfeldblick in Düsternbrook*

An der Christian-Albrechts-Universität lehrt Christian Cay Lorenz Hirschfeld (1742–1792) als außerordentlicher Professor der Philosophie und der schönen Wissenschaften, etwa Kunstgeschichte. Doch beschäftigen ihn in Kiel bis zu seinem Tod auch Gärten und Parks, darunter vor allem die sogenannten Landschaftsparks, wie sie in England angelegt werden und die eine Abkehr von den französischen Gärten aus der Zeit des Barock bedeuten. „Die Theorie der Gartenkunst", ein Werk in fünf Bänden, gilt als Hirschfelds Hauptwerk. Dieses räumt der Gestaltung von Gärten einen ebenso großen Stellenwert ein wie der bildenden Kunst.

Nachdem die dänische Verwaltung 1783 in der Nähe des Düsternbrooker Gehölzes benachbarte Koppeln und ein Haus mit Scheune und Garten erworben hat, entsteht auf einem etwa vier Hektar großen Gelände die königlich dänische Fruchtbaumschule, deren Planung und Leitung der Wissenschaftler übernimmt. Denn auch die Pomologie, die Obstkunde, ist eines seiner Steckenpferde. Die dort gezogenen Bäume werden an Bauern und Prediger abgegeben. Erhalten ist die 1896 geschlossene Fruchtbaumschule nicht – im Gegensatz zur benachbarten, 1788 eingeweihten Forstbaumschule, auf deren Gelände sich heute ein Biergarten befindet. Der Stadtteil Düsternbrook wird inzwischen gern als „Elbchaussee von Kiel" bezeichnet und ist die vielleicht nobelste Adresse in der Stadt.

TIPP *Zu den weiteren Sehenswürdigkeiten Düsternbrooks gehört die Pauluskirche.*

Wer sich heute auf die Spuren Hirschfelds begeben will, der muss zunächst jene 43 Steinstufen erklimmen, die von der Kiellinie am Diederichsenpark (einst ein Teil der Fruchtbaumschule) vorbei und hinauf in Richtung der Bismarckallee führen. 1993, nach Hirschfelds 200. Todestag, wurde dort eine kleine, aber feine Grünanlage, „Hirschfeldblick" benannt, errichtet. Seit 1997 erinnert ein Gedenkstein an den Gelehrten. Der Park ist Teil des Netzwerks „Grüne Wege" und offenbart einen Blick, der glücklich macht. Und der an die Motive des nach Hirschfeld geborenen Frühromantikers Caspar David Friedrich erinnert.

● **Hirschfeldblick, oberhalb der Kiellinie, 24105 Kiel**
● **ÖPNV: Bus 41, 42, Haltestelle Bellevue (Aufstieg von unten) oder Roonstraße**

Ein Ort des Friedens

 Der Flandernbunker

Darf ein Bauwerk aus Deutschlands dunkelster Zeit ein Glücksort sein? Der Historiker und Journalist Jens Rönnau nickt sofort: „Der Flandernbunker ist heute eine Kommandozentrale des Friedens und ein wirklicher Platz der Völkerverständigung." Zudem sei er ein Ort, an dem mit unbequemer Geschichte verantwortungsvoll umgegangen werde, während die Nazi-Jahrzehnte andernorts gern verdrängt würden. In der Zeit des Dritten Reichs war der 1943 errichtete Bunker, gelegen an der heutigen Kiellinie, Befehlshabersitz der deutschen Marine, und wahrscheinlich übernahmen dort die Alliierten nach Kriegsende das Kommando über die früheren Reichskriegshäfen. „Darauf deuten jüngste Forschungsergebnisse hin", berichtet Rönnau, Vorsitzender des Trägervereins Mahnmal Kilian. 1995 hatte sich dieser ursprünglich mit dem Ziel gegründet, die Ruine des Kieler U-Boot-Bunkers Kilian zu erwerben. Dieses Vorhaben scheiterte zunächst. 2001 konnte der Verein dann für 30.000 Euro den Flandernbunker ersteigern, bezahlt wurde er aus privater Tasche. „Zum Glück gab es von Anfang an eine große Gruppe von Unterstützern", blickt Rönnau zurück. In den quadratischen, 550 Quadratmeter großen Betonbau mit 2,50 Meter starken Mauern ist eine ständige Ausstellung über Kiel ab dem Jahr 1871 und vor allem zur Zeit des Zweiten Weltkriegs eingezogen. Auch werden dort Sonderschauen eingerichtet, es gibt Vorträge, Seminare, Lesungen, Film- und Theaterabende.

TIPP Mehr Geschichte gibt es im Stadtmuseum Warleberger Hof, Dänische Straße 19.

Der Name des Bunkers sollte an die Gefallenen des „Marinekorps Flandern" im Ersten Weltkrieg erinnern, die von der Nazi-Propaganda zu Kriegshelden gemacht wurden. „Der Mythos der erfolgreichen Krieger sollte weiterleben", schildert Jens Rönnau. Im November 2017 erhielt der Vereinsvorsitzende für sein Engagement das Bundesverdienstkreuz am Bande. Dass der Bunker, ein martialisches Mahnmal, heute als Glücksort gelten dürfe, sei die beste Option, um mit offen geführten Diskussionen und viel Ehrlichkeit eine friedliche Zukunft zu gestalten, sagt er.

▶ Flandernbunker/Mahnmal Kilian, Kiellinie 249, 24106 Kiel, Tel. (04 31) 2 60 63 09
www.mahnmal-kilian.de
▶ ÖPNV: Bus 30S, 32, 41, 42, Haltestelle Mercatorstraße; Bus 6, 11, 91, 92, 501, 502, 900, 901, Haltestelle Elendsredder

Kuchen mit Sonnenuntergang

 69 *Das Galerie-Café Roehrskroog in Möltenort*

Das Damenkränzchen an Tisch 5 ist hellauf begeistert. Soeben ist die Sonne in tiefstem Orange über dem Hafen von Möltenort untergegangen, jetzt färbt sich der Novemberhimmel über der Gemeinde Heikendorf (Kreis Plön) violett. „Ein Besuch hier lohnt sich also nicht nur im Sommer", sagt Tim Enterich, der mit seiner Ehefrau Patricia das Galerie-Café Roehrskroog betreibt. Seit 1983 backt Enterichs Mutter Edith Kuchen und Torten. „Und seit meinem 14. Lebensjahr bin ich im Café dabei", sagt Enterich, der sich einen anderen Beruf nicht vorstellen kann. „Unsere Gäste wissen, dass wir sie glücklich machen. Und das macht uns glücklich", erklärt der Gastgeber. Mohn-Marzipan-Torte mit Waldbeeren, Apfelkuchen mit Aprikosenkonfitüre und Eierlikör-Torte, das seien die Lieblingskuchen seiner Besucher.

Insgesamt 60 Plätze gibt es unter dem Dach des schmucken weißen Hauses, das 1854 errichtet wurde und heute das einzige Haus im Ort mit einem Reetdach und noch dazu eines der ältesten dort ist. Bis in die 1960er-Jahre war es – unter anderem – eine Pension für Badegäste. Und schon damals soll es dort sagenhaft leckere Torten gegeben haben.

TIPP Die maritime Geschichte des Ortes Möltenort und des Fischfangs erzählt das Fischereimuseum, Mühlenweg 15.

60 weitere Plätze sind im Garten, den das Ehepaar liebevoll hegt und pflegt. Geöffnet ist das Café das ganze Jahr über, einzig im Dezember gibt es Kaffee und Kuchen bis Weihnachten nur an den Wochenenden. Auch ein maritimes Frühstück mit Lachs und Krabben serviert das Paar auf Etageren, allerdings nur für Gruppen nach Anmeldung. „Waffeln mit einer Kugel Eis essen die Leute ebenso gern", ergänzt Enterich. Er freut sich, dass auch viele Kieler von der anderen Seite der Förde den Weg nach Möltenort finden, um nach einem anstrengenden Arbeitstag durchzuschnaufen. Nach einem Spaziergang entlang der Hafenpromenade wollen sie im Galerie-Café Roehrskroog abschalten und einen entspannten Klönschnack mit Tim und Patricia Enterich genießen. Und das nicht nur bei einem solch herrlichen Sonnenuntergang.

⊙ Galerie-Café Roehrskroog, Möltenorter Weg 1, 24226 Heikendorf, Tel. (04 31) 24 17 47
⊙ ÖPNV: Bus 100, 101, 119, Haltestelle Rathaus Heikendorf; Bus 119, 120, Haltestelle Heikendorf Gymnasium

Bunt und gewaltig leise

 Viel Programm auf der Kieler Krusenkoppel

Lehm draußen abstreifen. Warm vorwaschen. In der Dusche kalt nachspülen. Fertig. Eine Waschstraße für Kinder gibt es wohl nur auf der Spiellinie. Und die ist pausenlos in Betrieb – kein Wunder, ist der Matschplatz doch gleich nebenan. Scharenweise tummelt sich da der Nachwuchs johlend und jauchzend in der feuchten Pampe. Einmal im Jahr, nämlich an den Tagen der Kieler Woche, verwandelt sich die ansonsten eher verschlafene und mehr als 57.000 Quadratmeter große Krusenkoppel in Europas größtes Kinderkunstfest mit kunterbunten Spielangeboten, Theater, Mal- und Bastelplätzen. Seit 1974 – und seit 1997 ausschließlich dort – richten das Amt für Kultur und Weiterbildung der Stadt Kiel, etliche Initiativen und Vereine sowie unzählige Ehrenamtler dieses Fest aus. Und nur Speisen und Getränke kosten Geld. Zauberhafte Wundergärten sind auf den Wiesen ebenso entstanden wie das Ewige Eis, das Reich des Manitu und das Schlaraffenland.

Andreas Weber mischt seit 1998 kräftig mit, als Organisator, als Helfer, als Schauspieler. Aber auch an den übrigen Tagen des Jahres hat er seinen Arbeitsplatz auf der Krusenkoppel: Er ist Technischer Leiter des Freilichttheaters, das mit 2000 Sitzplätzen in seinem Rund der zweitgrößte Veranstaltungsort in der Fördestadt ist. „Außerhalb der Kieler Woche ist dieser Park ein absoluter Ruhepol", schwärmt Weber. Der Name der Anlage am Düsternbrooker Gehölz geht auf den Kaufmann und Landwirt Heinrich Wilhelm Kruse (1810–1896) zurück, der sie 1856 gekauft hatte und 1886 der Stadt vermachte – verbunden mit der Auflage, dass die Koppel in 100 Jahren nicht aufgeteilt werden dürfe. 1900 entstand ein Park, 1950 eröffnete das Theater. Heute ist Weber zudem Gastgeber der Konzertreihe „Gewaltig leise", für die er etwa Nina Hagen, Bob Geldof und Element of Crime an die Ostsee geholt hat. „Konstantin Wecker ist ein Stammgast bei uns", verrät Weber und freut sich, dass diese besonderen Auftritte auf der Open-Air-Bühne auch die Künstler glücklich machen.

TIPP Sind alle wieder sauber, geht es zu einem gediegenen Essen in den Kieler Kaufmann, Niemannsweg 102.

Freilichtbühne Krusenkoppel/Spiellinie, Düsternbrooker Weg 81, 24105 Kiel, Tel. (04 31) 24 01 40 99, www.freilichtbuehne-kiel.de
ÖPNV: Bus 41, 42, Haltestelle Landtag; Bus 51, Haltestelle Niemannsweg

Straße mit Geschichte

 71 *Die Altona-Kieler Chaussee in Molfsee*

Nachrichten eilen plötzlich mit unglaublicher Geschwindigkeit von Kiel nach Altona. Das Reisen ist endlich bequem: Es dauert nicht mehr 24, sondern nur noch zehn Stunden. Und auch Waren können nun nahezu mühelos zwischen den Städten hin- und herbewegt werden. In den Jahren von 1830 bis 1832 entsteht die erste künstlich angelegte Straße: Sie verbindet die heutige Landeshauptstadt Schleswig-Holsteins und Altona. Bauherr ist Frederik V., dänischer König und Herzog von Schleswig und Holstein. Rund 92 Kilometer misst die Strecke, deren Spuren noch heute in der Landschaft zu sehen sind, wenn man genau hinsieht: An der Hamburger Landstraße, Ecke „Großer Eiderkamp", in Kiels Nachbargemeinde Molfsee (Kreis Rendsburg-Eckernförde) erinnert ein Stück des alten Straßenpflasters, das Arbeitskolonnen in den 1920er-Jahren gelegt haben, an die einst bedeutende Route. Diese verlief damals jedoch 50 Meter weiter westlich. Eine Granitbogenbrücke querte dort die Eider. 2010 entstand dieser schmucke Platz, den der Bildhauer Jörg Plickat zudem mit einer rund drei Meter hohen Stele aus iranischem Travertin ausstattete.

TIPP *In Kiel markiert ein Obelisk den Beginn der Chaussee am Rondeel, Höhe Alte Lübecker Chaussee.*

„Diese Straße brachte großen Aufschwung", sagt Heinrich Kautzky. Der Heimatkundler hat sich viele Jahre mit der Altona-Kieler Chaussee beschäftigt: Als Naturschützer faszinierten ihn zunächst die alten Alleebäume, die in der Zeit des Straßenbaus gesetzt wurden, dann aber zog ihn auch die Historie der Straße in ihren Bann. So erzählt Kautzky etwa von der Heinz-Erhardt-Kurve in der Gemeinde Bordesholm: Nach einem Auftritt kam der deutsche Komiker (1909–1979) von der Straße ab und rutschte mit seinem Auto in den Graben. „Zum Glück passierte ihm nichts." 33 Meilensteine am Wegesrand künden zudem von der Chaussee und üben eine ganz eigene Faszination auf historisch Interessierte aus. Für Heinrich Kautzky aber ist es die Mischung aus Naturschutz, Denkmalpflege, Geschichte und dem Alltag in einer vergangenen Zeit, die eine Beschäftigung mit diesem Zeitzeugnis so wertvoll macht.

○ **Altona-Kieler Chaussee, Hamburger Landstraße, 24113 Molfsee**
www.altona-kiel.de
○ **ÖPNV: Bus 501, 502, 520, 620, 4610, Haltestelle Schulenhof**

Flohmarkt an Kaestners Gang

 ## Auf Bordesholms Klosterinsel

„Zum Glück gibt es hier viele liebevoll sanierte und restaurierte Kleinode", wirbt Katrin Göldner für Besuche der Klosterinsel von Bordesholm. In ihrer Galerie beherbergt Göldner auch den örtlichen Tourismusverein. „Wir Bordesholmer sind ein sehr kunstsinniges, freundliches und hilfsbereites Völkchen." Sie selbst liebe Spaziergänge am Seeufer, vor allem am frühen Morgen oder abends zur Blauen Stunde, wenn sich auf dem Wasser das Licht spiegelt: „Dann sehen manche Stellen am Ufer aus wie Kulissen für einen Fantasiefilm", schwärmt Göldner und meint damit zum Beispiel knorrige Weiden mit ihren hängenden Ästen.

Nicht weit davon: Ein Tisch mit Blumen und Pflanzen, daneben eine Spardose: Die „Kleinen Früchtchen" haben an Kaestners Gang einen Mini-Flohmarkt mit Taschengeldpreisen aufgebaut, jetzt hoffen die Kleinen aus dem Naturkindergarten auf ehrliche Kundschaft. Der schmale Weg windet sich vom Bordesholmer See hinauf zum Lindenplatz. Er steht unter Denkmalschutz. Doch der Lindenplatz ist kein Lindenplatz mehr: Im Mai 2018 musste die mehr als 700 Jahre alte Linde gefällt werden, weil der alte Baum aus dem Gleichgewicht zu geraten drohte. Ein Unglück für die Gemeinde im Kreis Rendsburg-Eckernförde, die sich mit diesem Naturdenkmal auch von einem Wahrzeichen verabschieden musste.

TIPP *Im Nachbarort Brügge lässt sich das „Tor zur Urzeit", Dorfstraße 4, ganz weit aufstoßen.*

Mächtigstes Bauwerk im Ort ist die nahe Klosterkirche. Sie allein erinnert noch an das 1330 gegründete Augustiner-Chorherren-Stift, das nach 1665 abgerissen wurde, und ist heute täglich von 9 bis 17 Uhr für Besucher geöffnet. Im Mittelgang des Gotteshauses steht die Bronzetumba der 1514 verstorbenen Herzogin Anna von Brandenburg. Die Figuren am Sarkophag zeigen sie und Friedrich I. von Schleswig-Holstein-Gottorp (1471–1533). Bestattet ist das herzogliche Paar indes an anderen Orten. Die Gebeine der Anna von Brandenburg ruhen im Grabgewölbe des Kirchenschiffs, Friedrich I. hat im Schleswiger Dom seine letzte Ruhestätte gefunden. Der Lindenplatz wiederum ist ein Teil des früheren Kirchhofs, Grabmale säumen Kaestners Gang.

Klosterinsel Bordesholm, Lindenplatz/Wildhofstraße 7, 24582 Bordesholm; Terminabsprachen für Gruppenführungen Tel. (0 43 22) 27 65, www.bordesholmer-land.de und www.kirchebordesholm.de

ÖPNV: Ab Kiel RE 7, Haltestelle Bordesholm; Schnellbus 4550, Haltestelle Bordesholm/Kreuzung

Chillen auf der Krone

 73 *Die Deichperle verwöhnt Auge und Gaumen*

Zeit für langen Klönschnack hat Nicole Grenz nur ganz selten. Obwohl es gerade in Kiel tüchtig regnet und kräftig stürmt, hat sie zur Mittagszeit alle Hände voll zu tun. Kein Wunder, gehört die Deichperle am Falckensteiner Strand seit dem Frühjahr 2006 doch zu den beliebtesten Gaststätten in der Fördestadt. „Das muss an der Aura liegen, die dieser Ort hat", sagt die Eventplanerin und Betriebsleiterin. Die Aussicht auf das Wasser, die wenigen Schritte zum 1860 Meter langen Sandstrand, der Blick auf den grün-weißen Leuchtturm in einer Entfernung von nicht mal 50 Metern, die Schiffe am Horizont, das wirke eben einladend, findet Grenz. „Und es entspannt jeden – egal, ob Kieler oder Urlauber." Eingezogen ist die Deichperle in ein früheres, backsteinrotes Leuchtturmwärterhaus, das wohl in der Zeit um 1920 errichtet wurde, lange Zeit leer stand und heute auf der Denkmalliste der Stadt Kiel zu finden ist. Typisch für solche Gebäude sind zum Beispiel die Beobachtungserker, aus denen die Wärter das Wasser immer im Auge behielten. Von der Deichkrone auf dem Friedrichsorter Westufer ist die schmalste Stelle der Kieler Förde gut zu beobachten.

TIPP *Aus Holz gebaut wurde 1875 die Bethlehem-Kirche (Schlüssel bei Familie Kurowski, Möhrkstraße 11).*

Wer auf der Terrasse Platz nimmt, der sitzt meistens luftig unter großen Sonnensegeln, überdacht ist nur die Eventlocation: Dort starten zum Beispiel Liebende ins Eheglück. Aber es gibt auch „Zucker auf die Ohren", die chilligen Tanzabende, Reggae-Partys und Literarisches: Ein Schmökern im Veranstaltungskalender lohnt sich ebenso wie ein Blick auf die Speisekarte. „Besonders beliebt sind unsere Currywurst und die Burger", verrät Nicole Grenz. Den „Deichburger" gibt es mit Rindfleisch oder Fisch zwischen den Brötchenhälften, aber auch vegetarisch. Neu an den Zapfhähnen im Ausschank sind derweil die Biere aus Czernys Küstenbrauerei, Betreiber Jan Czerny arbeitet in der benachbarten Seefestung Christianspries. Eines jedoch sollten die Gäste der Deichperle immer im Gepäck haben: Zeit und keine Angst vor einer Warteschlange.

⊙ Deichperle, Deichweg 24, 24159 Kiel, Tel. (04 31) 7 75 47 54
www.deichperle-kiel.de
⊙ ÖPNV: Bus 91, 921, 922, Haltestelle Friedrichsort/Falckensteiner Straße

Das Glück in Kugeln

 74 *Eis Meyer ist in die Nachbarschaft gezogen*

Eis macht glücklich, das ist bekannt. Aber warum? Wilhelm Karnatzki kennt die Antwort: „Wir müssen essen, um zu überleben", sagt er. „Aber niemand muss Eis essen. Eis ist immer eine Belohnung." Auch schmecke die kalte Masse meistens süß und habe viel weniger Kalorien als mancher denke, ergänzt der Inhaber von Eis Meyer und empfiehlt unbedingt, niemals auf Sahne zu verzichten. Eben wegen des Glücksfaktors. 1927 richteten Gründer Karl Meyer und seine Familie in Kiel die erste Eisdiele ein, damit gilt die Marke in der Landeshauptstadt noch heute als die älteste ihrer Art. 2013 haben Karnatzki und seine Tochter Natascha den großen Namen übernommen. „Und dieser ist mir eine ebenso große Verpflichtung", betont er. Heute ist Eis Meyer – nach kurzem Gastspiel in Kiels Stadtteil Gaarden – in der Nachbargemeinde Altenholz (Kreis Rendsburg-Eckernförde) zu finden. Dort hat Karnatzki Eis Meyer einen neuen Anstrich gegeben, im wahrsten Sinn: Ein amerikanisches Diner trifft auf eine deutsche Milchbar, Karnatzkis Gäste nehmen Platz mitten in den 1950er-Jahren. Und Marilyn Monroe und Evis Presley sehen zu.

TIPP Besucher sind auf Gut Knoop in Altenholz, Knooper Allee, immer willkommen.

„Mit einer pinkfarbenen Wand hat alles angefangen", erinnert sich der Eigentümer, der hier prompt seine Leidenschaft für diese vergangene Epoche ausgelebt hat. Üppig, aber stets in Klein oder Groß zu haben, sind seine Eisbecher. Jede der 25 bis 30 Sorten in der Eistruhe ist hausgemacht. Der gelernte Kaufmann arbeitet nur mit frischer Milch (mit einem Fettanteil von 3,8 Prozent) und ebenso frischen Früchten. Ausgefallenes hat er ebenfalls zu bieten, darunter gesalzene Erdnussbutter und Ziege-Vanille-Sanddorn. „Dieses Eis wird natürlich mit frischer Ziegenmilch produziert", betont der Schöpfer, der ruhige Winterwochen nutzt, um an neuen Rezepten zu tüfteln. Seine Kreationen liefert er auf Bestellung übrigens aus, sogar an den Strand. Und was ist, wenn ein Eis dann doch mal nicht glücklich macht? Auch darauf weiß Wilhelm Karnatzki eine Antwort: „Da hilft wohl nur ein zweites!"

Eis Meyer, Altenholzer Straße 5–7, 24161 Altenholz, Tel. (04 31) 26 04 05 55
www.eismeyer-kiel.de
ÖPNV: Bus 900, 901, 902, 921, 922, Haltestelle Klausdorf/Dataport

Mit der Draisine ins Grüne

 75 *Gemächliche Touren in Schillsdorf-Bokhorst*

Fröhlich winken am Streckenrand die Knirpse aus dem Waldkindergarten, plötzlich lugt vorsichtig ein Reh aus den Büschen neben den Schienen. Züge sind hier schon lange nicht mehr gefahren, nachdem die Deutsche Bahn diesen etwa 25 Kilometer langen Teil der Strecke zwischen Kiel und Plön 1986 aufgegeben hat. Eigentlich wollte das Unternehmen damals die Schienen entfernen und verkaufen. Doch fielen die Stahlpreise so drastisch, dass sich dieses Vorhaben nicht mehr lohnte und der Gleisstrang einfach liegen blieb. Zum Glück: Denn heute treten auf dem Eisenweg in der Gemeinde Schillsdorf (Kreis Plön) Ausflügler in die Pedale und bringen Draisinen in Bewegung: 2006 haben sich in der Ortschaft Bokhorst die Draisinenfreunde Mittelholstein gegründet, seither setzen sie ihre selbstgebauten Fahrzeuge auf die Trasse und lassen pro Jahr etwa 1000 Fahrgäste strampeln. „Die Landschaft hier, die ist der besondere Reiz – und das bei jeder Jahreszeit", schwärmt Jörn Griebel, der mit seiner Ehefrau Gerhild zu den Draisinenfreunden gehört und die Vehikel auf die Schiene stellt. Eine Saison gibt es nicht: Gefahren wird, wenn der

TIPP Leckere Hausbiere werden im Vereinslokal, dem Landgasthof Kirschenholz, Hauptstraße 4, ausgeschenkt.

Gast es wünscht, das ganze Jahr über, bei jedem Wetter. Dann geht es rauschend und bisweilen etwas rumpelnd durch Felder und Wiesen, durch den Hochwald und über Brücken. Griebel: „Und es ist egal, ob wir in Richtung Wankendorf oder Ascheberg aufbrechen."

Das Tempo ist gemächlich – Entschleunigung pur. Höchstens 13 Kilometer misst die längste mögliche Distanz auf dem schnurgeraden Schienenstrang, den die 25 Vereinsmitglieder ehrenamtlich in Schuss halten. Anstrengend ist die Tour auf der Draisine nicht: Man sitzt wie auf einem Fahrrad und bestimmt das Tempo. Maximal vier Passagiere finden auf einem der insgesamt vier, jeweils 125 Kilogramm schweren Fahrzeuge Platz. Abfahrt ist nach Anmeldung und Terminabsprache stets an der Stelle, wo einst der Bahnhof von Bokhorst stand. Heute haben sich die Draisinenfreunde um Jörn Griebel dort einen gelben Container eingerichtet.

▶ **Draisinenfreunde Mittelholstein, An der Bahn 3, 24637 Schillsdorf-Bokhorst,**
Anmeldung bei Jörn Griebel, Tel. (0 43 21) 9 63 93 95
www.draisinedfm.de

Suppe bei Tante Suse

 76 *Susanne Wihlfahrts Biosk in der Wik*

„Ist noch Suppe da?" Susanne Wihlfahrt nickt. Und der Mann sieht glücklich aus. „Mit Brot, richtig?", fragt Wihlfahrt, und diesmal nickt der Anzugträger. Es ist Mittagszeit, und bei Tante Suse sind die freien Plätze knapp. 2011 hat Susanne Wihlfahrt, die eigentlich aus Kürten im Bergischen Land stammt und in den 1970er-Jahren an die Förde ausgewandert ist, mitten in der Wik einen Kiosk eröffnet. Und weil dort alles bio ist, hat sie ihn eben „Biosk" genannt, zudem soll dessen Name „Tante Suse" an einen Tante-Emma-Laden ebenso wie an den Kosenamen der Inhaberin erinnern. „Denn Tante Suse, das bin ich selbst", sagt die gelernte Gärtnerin, die ihre Kunden und vor allem deren Geschmack kennt. „Ich weiß sogar, ob jemand Petersilie auf der Suppe mag oder nicht."

Der Biosk an der Adalbertstraße ist heute nicht nur ein kleiner Laden mit Obst und Gemüse von einem Demeterhof aus der nahen Region: Zwischen Kisten und Körben, urig-alten Möbeln, knarzenden Stühlen, Regalen mit Öko-Pflegeprodukten und immer gurgelnder Kaffeemaschine serviert Susanne Wihlfahrt auch wechselnde Mittagsgerichte.

TIPP Leuchtend bunt sind in der Wik die Stromkästen, eine Kunstaktion der Hebbelschule.

Suppe gibt es, Salat sowieso, oft auch Quiche und Crêpe. Viele Möbelstücke waren übrigens Geschenke von Nachbarn, die heute Stammgäste bei Tante Suse sind. Wer vor dem 1910 erbauten Kieler Stadthaus und umgeben von üppig wachsenden Wildblumen und kunterbunten Pflanzen Platz nimmt, der blickt auf die mächtige Petruskirche und den Anscharpark mit seinem Atelierhaus. Heute gilt diese Ecke der Wik als einer der schönsten Orte in Kiel, früher war sie indes ob ihrer Spelunken eher berüchtigt und auch als „der Streifen" bekannt. Tante Suse ist im Viertel längst eine feste und beliebte Adresse, man trifft sich auf Tee und Cappuccino, schlürft Kakao und Bio-Limonade, gönnt sich eine Auszeit. „Im Winter müssen meine Gäste dicht zusammenrücken, da wird es eng hier", sagt Susanne Wihlfahrt, für die der Laden Ausdruck ihres eigenen Lebensgefühls ist: „Ich mag es familiär. Und eben bio."

● **Biosk Tante Suse, Adalbertstraße 19, 24106 Kiel**
● **ÖPNV: Bus 6, 32, 92, Haltestelle Petruskirche**

Das Älteste seiner Art

 77 *Das Feuerschiff Læsø Rende No. XV in Möltenort*

Nach 87 Jahren war der letzte Einsatz gefahren, Feierabend für die Læsø Rende No. XV. Das war am 1. Januar 1971. Und damit fand die bewegte Dienstgeschichte des dänischen Feuerschiffs ein Ende. Heute gilt es als das älteste Schiff seiner Art in Deutschland und als das drittälteste auf der ganzen Welt. Denn seit 1986 liegt die Læsø Rende No. XV fest vertäut im Hafen von Möltenort. Einst hat der Heikendorfer Yacht Club (HYC) das „Fyrskip" für rund 90.000 D-Mark (etwa 46.000 Euro) gekauft, danach wurde es im Zuge einer Arbeitsbeschaffungsmaßnahme auf Kosten des Landes Schleswig-Holstein originalgetreu restauriert. „Zwei Jahre hat das gedauert", erinnert sich HYC-Vorsitzender Rainer Bechem. Entfernt wurden dabei allerdings die Generatoren, die für Licht an Bord gesorgt hatten. In diesem Raum richtete sich der HYC einen Salon ein, der nicht nur als Vereinsheim dient: Liebende sagen dort „Ja", das Schiff ist eine Außenstelle der Gemeinde Heikendorf (Kreis Plön). „Das Schiff konnte übrigens zu keiner Zeit selbstständig fahren", schildert Bechem. „Es musste immer zu den Einsatzorten geschleppt werden." So auch zu einem Einsatz in der jüngeren Geschichte, als die Læsø Rende No. XV die Kieler Woche ansteuerte. „Eine Attraktion", freut sich der Vereinschef. Gern begrüßen er und seine Kameraden Gäste an Bord, doch bitten sie um eine Anmeldung per Zuschrift über die Internetseiten des HYC.

TIPP *Der Kunst einen schönen Platz bietet das Heikendorfer Künstlermuseum, Teichtor 9.*

Gebaut wurde das 32 Meter lange und sechs Meter breite Feuerschiff ab Juni 1886 in der Kopenhagener Werft „Den Jydsk Plads" aus massivem Eichenholz, ein gutes halbes Jahr später lief es vom Stapel. Nach seiner Außerdienststellung kaufte die dänische Stadt Hadersleben 1976 den Oldtimer, um ihn für ein Jugendprojekt zu nutzen. „Das war offenbar wenig erfolgreich", weiß Rainer Bechem. Er ist glücklich, dass das Schiff in jener Zeit keinen größeren Schaden erlitt, hatte es doch in seiner Dienstzeit bei Unfällen auf See bereits so manche Schramme davongetragen. Übrigens: Den Klang des Typhons (Nebelhorns) kann man sich auf den Seiten des Fördervereins als Klingelton herunterladen.

Feuerschiff Læsø Rende No. XV, Strandweg, 24226 Heikendorf, www.hyc86.de
www.feuerschiff.org
ÖPNV: Bus 100, 101, 119, Haltestelle Rathaus Heikendorf; Bus 119, 120,
Haltestelle Heikendorf Gymnasium

Grüne Instanz vor der Förde

 Der Schlossgarten

Wie ein grüner Korridor ziehen sich Kiels Parkanlagen durch die Innenstadt. Letzte grüne Instanz auf dem Weg zur Förde ist in der Stadtmitte der Schlossgarten, der eine wechselvolle Geschichte erlebt hat und lange Zeit nicht gepflegt wurde. Auch heute noch wird er selten als Park wahrgenommen, liegt er doch zwischen zwei stark befahrenen Kreuzungen. Als Spaziergänger hat man schon das Fördewasser und den im Jahr 2006 modernisierten Ostseekai vor Augen, während im Rücken der Ratsdienergarten ruht. Dabei lohnt sich auch im Schlossgarten ein Innehalten. Angelegt wurde er einst als Renaissancegarten, den Universitätsgründer Herzog Christian Albrecht nach 1669 allen Kielern zugänglich machte. Damit gilt er als ältester Park der Landeshauptstadt. Ab 1695 wurde das Gelände durch Herzogin Friederike Amalie von Gottorf (1649–1704) zu einem üppigen Barockgarten umgestaltet. Im 19. Jahrhundert, ab 1839, wurde unter der Federführung des Gartenkünstlers und Plöner Hofgarteninspektors Franz Christian Schaumburg (1788–1868) aus diesem ein Landschaftsgarten nach englischem Vorbild.

TIPP Das 2019 eröffnete Kreuzfahrtterminal steht für Besichtigungen offen, Tel. (04 31) 98 22-0.

Nach dem Zweiten Weltkrieg aber begann die Verwilderung der Anlage, die in jenen Jahren auch als Parkplatz für Autos genutzt wurde. Davon ist zum Glück nichts geblieben. Heute gehört das von 2006 bis 2012 für rund 750.000 Euro barrierefrei ausgebaute und neugestaltete Gelände zu den Kulturdenkmälern der Stadt, mehr als 30 Ruhebänke wurden aufgestellt. Ein lauschiger Pavillon am Rand spendet seither Schatten. Im Grünen zu finden sind zwei mächtige, unter Schutz gestellte Kastanien und zwischen den üppigen Beeten und Rabatten auch ein Reiterstandbild zu Ehren Kaiser Wilhelm I. von 1896 und das ältere Kriegerdenkmal von 1879. Das Schloss an sich, in Teilen ein Neubau aus den 1960er-Jahren, ist heute zwar ein bedeutender Hort des kulturellen Lebens, sehenswert ist das Gemäuer nicht. Gegenüber steht die Kieler Kunsthalle, die über eine mächtige Treppe zu erreichen ist. Prächtige, leuchtend bunte Stauden begleiten den Besucher auf seinem Weg.

● **Schlossgarten, Zugang über Dänische Straße, 24103 Kiel**
● **ÖPNV: Bus 32, 60, 61, Haltestelle Schlossgarten**

Wo das Auge nie müde wird

 Die Evangelisch-Lutherische Kirche in Flintbek

Man kann sich einfach nicht sattsehen. Wer den Kopf hebt und zur Decke blickt, der wird nicht müde. Jedes Quadrat ist farbig ausgemalt, und jedes Quadrat ist anders. Die Werke stammen von der Hand des Malers und Kirchenrestaurators Wilhelm Jensen (1862–1947) aus Garding (gelegen im heutigen Kreis Nordfriesland) und sind 1923 entstanden. Und unter der hölzernen Kassettendecke in der evangelisch-lutherischen Kirche von Flintbek (Kreis Rendsburg-Eckernförde) erstreckt sich eine ebenso bunte Empore. Dorthin schaue sie am liebsten, verrät Andrea Böttinger aus dem Kirchengemeinderat. Sie fühle sich geborgen, beschützt in dem kleinen weißen Gotteshaus, beschreibt sie ihr persönliches Glück. „Und gibt es etwas Schöneres als eine ruhige Auszeit?" Auch Pastor Manfred Schade spricht von dieser Behaglichkeit, die ihn seit seinem Amtsantritt im Dezember 1987 immer wieder anziehe.

1223 erteilte Graf Albrecht von Orlamünde (nach 1182–1245) den Flintbekern die Erlaubnis, eine Kirche zu errichten. Ihr heutiger Bau geht indes auf das 14. Jahrhundert zurück. Wohl um 1450 wurde dagegen der Schnitzaltar gefertigt. Er hat eine bewegte Geschichte

TIPP Auf dem Kirchhof steht die 1000-jährige Eibe. Ihr Stamm misst an der dicksten Stelle fast vier Meter.

– im wahrsten Sinne des Wortes. „Einigen wichtigen Menschen war er wohl zu katholisch", berichtet Schade. „Also wurde der Altar abgebaut und nach Flensburg gebracht." 1937 kehrte das Stück aber wieder an seinen alten Platz in der schmucken Saalkirche zurück. Vor dem Gebäude stehen die Stahlglocken, die bis in die 1970er-Jahre die Gläubigen zum Gottesdienst gerufen haben. Die beiden Glocken hatten im Ersten Weltkrieg ihre bronzenen Vorgänger ersetzt, weil diese für die Produktion von Waffen eingeschmolzen worden waren. „Auch das ist ein Teil unserer Kirchengeschichte", betont Pastor Schade. Und von der zeugen viele Schätze in der Feldsteinkirche, so auch der Brautstock von 1723, der gleich im Eingang steht. Wenn es die Zeit zulässt, bieten die Mitarbeiter des Gemeindebüros Führungen an – eine vorherige Absprache ist erforderlich.

Evangelisch-Lutherische Kirche Flintbek, Dorfstraße 5, 24220 Flintbek, Tel. (0 43 47) 70 78 17
www.kirchengemeinde-flintbek.de
ÖPNV: Ab Kiel RB 7, Haltestelle Freeweid/Flintbek oder Bus 501,
Haltestelle Parkplatz oder Alter Schulweg

Ente gut, alles gut

Ein China-Restaurant mit sportlicher Historie

Das Fleisch ist schön saftig, die Kruste herrlich kross. Auf einer braunen, sehr würzigen Sojasoße schwimmt die Ente nach Art des Hauses, kunstvoll angerichtet. Und aus Petersilienaugen blickt eine zweite auf den hungrigen Gast: Sie ist aus einer Möhre geschnitzt. „Ente gut, alles gut" – das ist nicht nur das Fazit dieser Mahlzeit, sondern auch der Name des chinesischen Restaurants von Michael Luu. 2002 hat es der Gastwirt in vor allem für Sportfreunde und Handballfans historischen Mauern eröffnet: Früher war hier, im Stadtteil Hassee, die Kneipe Unter den Linden. Und die war einst das Vereinslokal des Turnvereins Hassee-Winterbek, eben des Handball-Bundesligisten THW Kiel. Dieser wurde am 4. Februar 1904 ganz in der Nähe, in der Gaststätte Wilhelmshöh, gegründet. Doch während in jenes Haus ein Kiosk eingezogen ist, blieb im Gebäude der früheren Kneipe fast immer Gastronomie. „Auf jeden Fall in den vergangenen 40 Jahren und nachdem ich die Gaststätte übernommen habe", sagt Luu, der stolz ist auf die Geschichte des Gebäudes an der Rendsburger Landstraße – auch, weil er darauf immer wieder angesprochen werde.

TIPP Der eigentliche Gründungsort des THW Kiel ist an der Hamburger Chaussee 66, heute Kiosk Zara.

Wer im Internet stöbert, der findet Ablichtungen von Postkarten aus der Zeit der Jahrhundertwende, auf denen Gäste der früheren Ausspanndiele Unter den Linden grüßen. In einer solchen Station hielten Fuhrwerke, damit Pferde, Fahrgäste und Kutscher rasten konnten. Kiels Stadtteil Hassee war damals eine Landgemeinde, die im April 1910 der Fördestadt zugeschlagen wurde. Weitere 13 Jahre sollte es indes dauern, bis auch der Handballsport bei dem örtlichen Turnverein etabliert wurde. Heute ist der THW deutscher Rekordmeister.

Michael Luu möchte derweil mit seinen Entengerichten punkten. „Jede Ente wird frisch gebacken und nicht etwa frittiert", schildert der Gastwirt, und tatsächlich unterscheiden sich seine Gerichte deutlich von mancher Mahlzeit, die andernorts zwischen Drachenköpfen und Pagodensäulen aufgetragen wird – also: Ente gut, alles gut.

Ente gut, alles gut, Rendsburger Landstraße 88, 24113 Kiel, Tel. (04 31) 68 51 52
www.entegutallesgut-kiel.de
ÖPNV: Bus 52, 61, 62, 620, 4610, 4630, Haltestelle Gärtnerstraße